市場と会計

人間行為の視点から

Hiroshi Yoshida

吉田 寛

For K. Y.

自由は山巓の空気に似ている。
どちらも弱い者には堪えることは出来ない。
芥川龍之介

Freedom is similar to the air of the mountaintop.
Both are hard for a person without courage.
Ryunosuke Akutagawa

刊行に寄せて　東と西が出会うとき

村田稔雄

(2017年10月11日)

　吉田寛先生が、「『ヒューマン・アクション』が手に入らないので増刷を
して欲しい」と訴えに横浜の自宅を訪れたのは、2006年10月のことでした。
その入手が困難な『ヒューマン・アクション』とは、私が1991年に NEC
のパソコン PC9800 を利用して作成した原稿をみずから製版し、それを春
秋社から出版したものでした。

　中国より復員し「思想の自由を守りながら、敗戦で荒廃した日本経済を
復興させる経済体制」を求めていた時に、アメリカより送られてきた
"Human Action" を読み、ここにその解答を見出し、1959年には著者
ルートヴィヒ・フォン・ミーゼスにニューヨーク大学大学院で直接指導を
受ける機会を得ました。

　1973年10月11日を期して「ミーゼスを日本で広めなければならない」と
いう気持ちは、私の信念となり、1980年にミーゼス研究の入門書としてミ
ーゼスのアルゼンチンでの講演録『自由への決断（Economic Policy）』を
翻訳・出版し、1991年にミーゼスの主著『ヒューマン・アクション』を出
版いたしました。

　さらにこの初版を修正し、グリーヴズ教授の「ミーゼス用語解説」を加
え、新版『ヒューマン・アクション　人間行為の経済学』を発行したのは
2008年のことでした。

　今般公刊された吉田教授の『市場と会計：人間行為の視点から』は、取
引を人々が互いにそれぞれの成功を利用するという人間行為から紐解くだ

けでなく、会計を「会って功績を計る」という東洋の歴史からも探究するものです。私は、1943年に学徒出陣で中国に渡り、北京の陸軍経理学校で学び、主計将校となりましたが、当時の会計に東洋の歴史と経験が入り込む余地はありませんでした。

　多様化する人間行為を評価するのに、本書では「行為の目的とその成果を明らかにする会計」という手法を利用しています。その行為の範囲は、手に取ることができる品物の取引、債権債務といった信用取引、利益を獲得するという約束、主権者に福利を提供するという約束に広がっています。

　いずれの取引においても本源的な約束に立ち返り、西洋だけでなく東洋において政府はどうあるべきであったかを考察する本書には、東洋の知恵と西洋の知恵が出会ったような感があります。

　本書の考察は、人々の行為をより合目的にするでしょう。

　私が半生をかけて伝えてきたミーゼスの理論と思想が、本書にも深く影響を与え、「自由のトーチ」が継承されていることを実感できたのは、私の喜びであります。

（むらた　としお　横浜商科大学名誉教授）

はじめに

　「会って功績を計る」という会計の成り立ちは、「記録と計算」という頸木に阻まれて、時代を遡ることができなかった会計の本質を明らかにする。

　私有財産制と分業が、社会を豊かにしてきた。取引は他人の成功を利用する。他人の成功を利用することで、利用者の状態をより良いものにする。会計は、その他人の成功が利用者にとっても良いものなのか、あるいはそうでないものかを判断する行為である。

　会計は、金勘定でも、数字あわせでもなかった。仕事を任せた人に会い、その功績を計るのが会計の機能である。人の成功を利用する取引が始まった時に、すでに会計はおこなわれていた。

　人が集まり、互いの不足分を埋めるために、それぞれの余剰を融通することで、社会は豊かになった。取引は、人々の必要から生まれた[1]。取引は、生産者と利用者を分離した。多様性は市場の魅力である。多様な人が集まることで市場は活性化する。すでに生産された品物を取引するのであれば、求めようとする者が品物を手に取り、値札と見比べながらその効用を計る。会計をおこなうのである。効用ありと判断されれば取引は成立し、効用なしとされれば取引は成立しない。制度としての私有財産制と分業は、成果を計る会計を伴って社会を豊かにした。

　市場は、略奪を好まない。略奪が横行する市場から取引が消え、やがて市場もなくなる。富を生む市場のために、権力者は法律によって略奪を抑

1　1776年にトーマス・ペインが著した『コモン・センス』に、「社会は、われわれの必要から生まれ、政府は、われわれの悪徳から生まれている（Society is produced by our wants, and government by wickedness）」とある。
　小松春雄訳、トーマス・ペイン『コモン・センス』岩波書店、1953、p.15。

止した。刑罰を明らかにし、略奪する人を少なくする。

　市場経済の発達につれて、人々は市場での取引を円滑にする言葉と尺度と貨幣に関わる知識を身につけるようになる。用意された財やサービスを利用するのであれば、会計は簡単であった。約束した将来の行為が取引されるとなると、「記録と計算」の要素が加わる。資本と経営の分離により、経営者の成果を計る新しい会計をもたらした。経営者が、最初に約束した「儲けます」という約束を守っていることを、あるいは守れないことを、会計が明らかにする。

　専政制から民主制へと移行することで、主権者と権力者は分離する。主権者は、権力者を選任することができるようになった。権力者の成果を主権者が計ることができなければ、良い権力者を見出すことはできない。権力者の成果を計る会計が必要となる。

　会計の歴史を研究したウルフは、1912年に『古代会計史』を著す。「会計の歴史は概して文明の歴史である[2]」とした。1878（明治11）年に日本を訪れ、1894年から97年にかけて李氏朝鮮と清国を旅したイザベラ・バード（Isabella Bird, 1831-1904）が、1898年に当時の西洋の、東洋に対する印象を残している。日本については「安全に旅行できる国」と評価したが、ソウルについては、北京を見るまでは「地球上もっとも不潔な都市[3]」とし、また紹興の悪臭に出会うまでは「もっとも悪臭のひどい都市」と記している。陶芸に秀でたヘレンドの職人は景徳鎮や伊万里を模したが、多くの西洋人たちは東洋に学ぶものがあるとは考えていなかった。他人の功績を評価するには、しかるべき能力が必要である。本書では、ウルフに倣って、会計の始まりを尋ねることになるが、これまで省みられることがなかった東洋における市場と会計の始まりについても俯瞰する。

　『史記』に記された「会って功績を計る」という会計の成り立ちについて私は、平成21年3月発行の『月刊　自治研』（Vol.51 no.594）に寄せた

2　片岡義雄訳、ウルフ『古代会計史』中央経済社、1954、p.1。
3　朴尚得訳、イザベラ・バード『朝鮮奥地紀行　1』平凡社、1993、pp.71-72。

「子供にツケをまわさない：課税の根拠と会計の職能」で初めて言及した。博士課程でご指導をいただいた新井益太郎先生から、「ドンドン、やりなさい」との励ましをいただいた。翌月、先生は永眠された。本書に、先生のご指導に応えるところがあれば良いと思う。

千葉商科大学の佐藤正雄先生には、私が茨城大学で黒板に向かっていた頃から千葉商科大学で黒板を後ろにする現在まで、長くお世話になっている。今も、院生の指導や、教授方法についてもご指導いただいている。黒川行治先生には、本書公刊の背中を押していただいた。

パチオリを「近代会計[4]」の始まりとする『リトルトン会計発達史』を初めて読んだのは、茨城大学での辻山栄子先生のゼミであった。「近代の前はどうだったのか」は、この頃からの疑問のひとつであった。本書ではその疑問への一応の答えを示した。

本書の副題「人間行為の視点から」は、ルートヴィヒ・フォン・ミーゼス（Ludwig von Mises, 1881-1973）に直接指導を受けた村田稔雄先生のミーゼスの訳書『ヒューマン・アクション：人間行為の経済学』に因んだ。ミーゼスは、人間行為にはすべて目的があるとする。本書では、会計のありようが、適材を見つけ出すという目的をもって見直されることになる。

主権と権力の分離は、主権者が権力者を選ぶことを可能にした。主権者と権力者のそれぞれの貸借対照表と、権力者の成果を説明し、そのコストの発生と市民の負担を明らかにする成果報告書が提供されて、市民は良い首長を見出すことが可能になる。あるべき公会計を必要とする人は多い。しかし、法はあるべき公会計を提供することを強制してはいない。首長があるべき会計を必要と考え、実行できる人でなければ、市民への提供はなされない。福岡県福津市の市長であった池浦順文氏と栃木県大田原市長の津久井富雄氏は、これを実行されている。

学部や大学院での授業あるいは外部での講座は、学生諸氏や参加者から

---

4 片野一郎訳、A. C. リトルトン『リトルトン会計発達史』同文舘出版、1952、p.3。

の思いもよらない反応や質問を受ける。会計を学び始めた頃に持っていた会計の役割への期待や疑問を呼び覚ます。あるべき会計とは何かを説明するきっかけとなる。

　本書で扱った内容は、私の専門ではない分野も多い。そういった分野は、先人の研究成果に頼った。文献の渉猟には千葉商科大学図書館の司書の方々に助けていただいた。私の理解の不足で先人の意図と異なるところを議論しているかもしれないが、お許しいただきたい。

　『ヒューマン・アクション』を初め、市場経済に関わる重要な書物を発刊する春秋社から『市場と会計』と題した本書を出版できたことは、私の密かな慶びである。神田明社長や故澤畑吉和社長、特に編集部の高梨公明氏は、従来の視点とは異なる視点で経済や会計を議論する本書の最初の読者となり、根気よく企画から発刊までの長い道のりを併走してくださった。ここに感謝の気持ちを記しておく。

　本書を手に取って下さった方々に、あるべき会計の機能を知ってもらい、考えてもらい、何らかのアクションをしてもらう、そのいずれかでもできれば、社会の富の増加に幾ばくかの貢献ができる。

　良い会計は、他人の成功の利用を促進する。本書がその促進のなにがしかの役に立つところがあれば、私の幸せである。

　　平成31年4月7日

　　　　　　　　　　　　　　　　　　　　　　　　　　吉田　寛

目　次

市場と会計
人間行為の視点から

刊行に寄せて　東と西が出会うとき　　村田稔雄／i

はじめに／iii

序　章　人と会計 3

第1節　会計の始まり／5

第2節　会計が求められる人間関係／9

第3節　本書の構成／10

第1章　市場の始まり 13

第1節　他人に依存する／15

第2節　様々な才能　多様な生産物／20

第3節　交換が交換の当事者を豊かにする／24

第4節　他人の成功を利用する／28

第5節　文字と尺度と貨幣／30

第6節　交換の増加と効用の増加の関係／33

第2章　交換と略奪 37

第1節　略　奪／39

第2節　生産者の余剰と需要者の余剰／43

第3節　市場の大きさと交換の関係／45

第4節　パイオニアの仕事と評価／49

第5節　絶対需要を有効需要に変換する／52

第6節　税率が市場に与える影響／55

第7節　効用の税率弾力性／59

第8節　減税という選択肢／62

第9節　納税者の日・子供の日／67

第10節　市場のちから／71

第3章　会計なければ分業なし　　75

第1節　貨幣の出現と分業の拡大／77

第2節　商圏と信用取引の拡大／78

第3節　他人を主語とする記録／81

第4節　国王に踏み倒された最初の会社／83

第5節　不埒な国王の会計記録／86

第6節　家計と家業の分離／90

　　　　出張の場合　93
　　　　支店の管理を任せた場合　94
　　　　出資をする場合　94

第7節　資本と経営の分離 1
　　　　配当が経営者の能力を語る／96

第8節　資本と経営の分離 2
　　　　利益が経営者の能力を語る／103

第9節　約束から導かれる会計原則／106

　　　　成果明示の原則　108
　　　　報告範囲決定の原則　110
　　　　帰属主体の峻別の原則　111
　　　　有用性の原則　112
　　　　保守主義の原則　112

第10節　経営者の能力を取引する／114

第4章　会計を知らなかった人たち　　121

第1節　アダム・スミスの見込み違い／123

第2節　会計を知らなかったマルクス／128

第3節　会計を抹殺した伊藤博文／132

第4節　会計を知らなかったレーニン／136

第5節　会計を知らなかったケインズ／142

第5章　主権と権力の分離　　147

第1節　この人で良いのか／149

第2節　主権者と権力者の約束　貸借対照表／154

　　　　「未収交付税」　自治を獲得する　158
　　　　支払予定利息の借入金への加算　160
　　　　公共財の更新に備える「更新引当金」　160

第3節　主権者と権力者の約束　成果報告書／163

第4節　成果があってコスト／164

第5節　減税のちから／167

第6節　会計報告の有用性と監査／170

第7節　貨幣鋳造権の罠／171

第8節　日銀の国債引受のゆくえ／176

第9節　新しい貨幣の可能性／179

終　章　権力を抑止する方法　　181

第1節　主権者の選択／183

第2節　求められる会計的合理性／184

第3節　九条よりも九十条／188

第4節　会計のちから／192

参考文献／195

索引／205

市 場 と 会 計

人間行為の視点から

序　章

人と会計

1　会計の始まり
2　会計が求められる人間関係
3　本書の構成

春種一粒粟

秋収萬顆子

四海無閑田

農夫猶餓死

春に一粒の粟を植える

秋には萬顆の子を収める

見渡す限り耕作されている

それでも農夫は餓死していく

李紳[1]

---

1 星川清孝『古文真宝（前集）上』明治書院、1967、p. 33。
秋に稔った「萬顆の子」は、税として収める。
李紳（?-846）は、唐の時代の宰相。「憫農」と題されたこの詩は、中国では同じ題の次の詩
が広く知られている。

鋤禾日當午、汗滴禾下土。誰知盤中餐、粒粒皆辛苦
禾を鋤きて日は午に當たり、汗は禾の下の土に滴る。
誰か知らん盤中の餐、粒粒皆な辛苦。

第1節　会計の始まり

　東洋でアカウンティング（accounting）に対応して用いられる「会計」は、前漢に生きた司馬遷（B.C.145-B.C.87）が記した『史記』の「夏本記」にその由来が示されている。

　司馬遷は、B.C.2200年に夏王朝を始めた禹が、適材適所を実現するために、仕事を任せた人に「会」ってその功績を「計」る行為に因み、「会計」という言葉が生まれたとしている[2]。

　行為に名前がつくのは、その行為がおこなわれた後になる。会計という行為は、禹の前にもおこなわれていた。

　堯から帝位を禅譲された舜は度量衡を統一した。帝舜は、良い臣下を見出すために3年ごとに臣下の評価をおこない、これを3回繰り返した。舜もまた、能力のある人を見出し、仕事を任せた。帝舜は、鯀の子である禹[3]を重用し、禹に父が失敗した治水を命じた。禹は、これに13年間携わった。鯀がいたずらに堤防を築く方法によったのに対して、禹は現地を踏査し、測量をおこない、洪水の起こる原因を解明することから始めた。

　『書経』において禹は、左手に水平をはかる準と直線をはかる縄をもち、右手にコンパスと差金を携えて描かれている。禹は、自然の地形と水の特性を利用して利水と治水を成功させた[4]。洪水に見舞われていた湿地は灌漑され田となり、民は米を作ることで生活できるようになった[5]。

　孔子（B.C.552-B.C.479）の弟子で商才に長けた子貢（B.C.520-B.C.446）[6]の

2　吉田賢抗『史記（一）本紀　司馬遷撰』明治書院、1973、p.111。

3　『山海経』では、刑死した後、3年間腐らない鯀の腹を割いた時、禹は生まれたとしている。前野直彬『山海経・列仙伝』集英社、1975、pp.611-617。

4　加藤常賢『書経』明治書院、1983、pp.90-91。

5　吉田賢抗、前掲書、pp.75-77。

6　水沢利忠『史記（八）列伝一　司馬遷撰』明治書院、1990、p.173。

序　章　人と会計——5

作[7]とされる『越絶』では、禹が会計をおこない、これにより「徳のある者には爵位を、功績のある者には土地を与えた[8]」としている。任せた仕事の成果を計り、その成果に応じた処遇をした。禹は「ありがとう」というべき仕事をした諸侯を評価し、仕事を任せるべき人材を見出した。その成果に応じて「ありがとう」という言葉と「爵位」や「土地」を与える。諸侯からも「ありがとう」と言われるように遇した。両者の満足の水準が高まる。孔子が非の打ち所がないとした禹[9]の優れた統治は、会計の賜であった。

会計の本質は、金勘定でも数字あわせでもない。他人の成果を利用するにあたって、その人に任せた仕事の成果を計る行為であった。それは、他人のために仕事をする時に生じるスチュワードシップ（stewardship）と同じ人間関係を基にしている。

東洋の会計が人に着目したのに対して、欧米の会計を先導したウルフ（Arthur H. Woolf）やリトルトン（A. C. Littleton, 1886-1974）は、記録と計算に重きをおいた。

ウルフは、1912年に『古代会計史』を著した。物々交換がおこなわれていた時代は、取引が即時に決済されるがゆえに「会計記録は必要ない」とした[10]。ウルフの『古代会計史』は、会計記録に焦点があてられている。記録としての会計の始まりを古代エジプトやバビロニアの国庫の収入及び

---

7 『越絶』外伝本事第一にある。
　他に漢代の袁康とする説もある。
8 『越絶』巻第八　越絶外伝記地伝第十、商務印書館、発行年記載無。
9 孔子は、「間然とすること無し」と賛している。
　金谷治訳注『論語』岩波書店、1999、p. 163。
10 この辺りをウルフは次のように記している。
　"there would be no need for keeping accounts, because commercial transactions would be settled on the spot."
　Arthur H. Woolf, *A Short History of Accountants and Accountancy*, GEE&Co.LTD, 1912. p. xx. 1974年に NIHON SHOSEKI より発行された *Selected Classics in the History of Bookkeeping* を参照した。
　片岡義雄訳、ウルフ『古代会計史』中央経済社、1954、p. 4。

支出の記録としている[11]。ウルフがこの本を著した1912年のイギリスでは、公開会社については貸借対照表の開示が義務づけられ、会社財産を調べ報告することが監査役の職務となる時代[12]であった。

　1933年にリトルトンが『リトルトン会計発達史』を著す。この頃のアメリカの企業会計は、「配当は利益から支払われなければならない[13]」とされながら、「利益」とは「何か」がまだ定まらない時代であった[14]。

　『リトルトン会計発達史』は、「古代の会計は問題外」としたうえで、近代会計の発足点をパチオリ（Fra Luca Bartolomeo de Paccioli, 1445-1517）の『スンマ』に求めている[15]。『スンマ』は、1494年11月10日[16]にヴェニスで出版された『算術と幾何・比率・比例の全書（Summa de Arithmetica, Geometria, Proportioni et Proportionalita）』の略称である。その第3部第9篇第11章の「計算および記録の詳論（Particularis de computis et scripturs)[17]」と題された部分で、当時ヴェニスでおこなわれていた複式簿記の実際を解説している。

　費用収益対応を重視したコーラー（E. L. Kohler, 1892-1976）は、リトルトンが近代会計を簿記から始まったとするのと同じ視点から、自身が編纂した A Dictionary for Accountants で、会計（Accounting）を「取引の記録と報告（The recording and reporting of transactions)[18]」としている。

　とはいえ、欧米の会計に関する考察に、人間関係に着目した考察がなかったわけではない。責任は他人との関係において生じる。会計責任は、し

11　ibid, p. xxvii. 片岡義雄訳、前掲書、p. 14。

12　中野常男他『近代会計史入門』同文舘出版、2014、p. 227。

13　John R. Wildman and Weldon Powell, *Capital Stock without Par Value*, A. W. Shaw, 1928, p. 48.

14　大野功一訳、プレヴィッツ／メリノ『アメリカ会計史』同文舘、1983、pp. 248-263。

15　片野一郎訳、A. C. リトルトン『リトルトン会計発達史』同文舘出版、1952、p. 3。
　　A. C. Littleton, *Accounting Evolution to 1900*, Russell and Russell, 1933, p. 3.

16　井上清『ヨーロッパ会計史』森山書店、1968、p. 58。

17　片野一郎訳、前掲書、p. 3。本田はこのタイトルを「経理と帳簿の細論」とすべきとしている。本田耕一訳、ルカ・パチョリ『パチョリ簿記論』現代書館、1975、p. 60。なお、本書ではパチオリと表記。

ばしば説明責任とされるが、そこで説明すべきは、「自己の行為の正当性[19]」の説明である。GASB（Governmental Accounting Standards Board）では、会計責任をスチュワードシップとの関係において理解されるべきだとしている。スチュワードシップは、強制ではなく、関係する人たちとの関わりを自発的に改善しようとする意思となる[20]。この意味では、会計に関係する人を特定することが重要になる。しかしGASBは、この点について十分な議論をせずに、議論は会計責任から業績監査との関わりに移っている[21]。

　またAAA（American Accounting Association）の公共部門会計委員会では、その報告書のなかで「公共部門会計の基本的な目的は、構成員が現職管理者を支持するか、交代させるかの意思決定に必要とする情報を提供することである（Provide information on which constituents can base a decision to retain or replace incumbents[22]）」との指摘はしている。が、どのような情報が必要なのかは、検討されてはいない。

18　Kohler's, *Dictionary for Accountants*, Prentice-Hall, 1970, p. 7.
　　この書の第6版はコーラーの没後1983年に出版されるが、井尻雄士が編纂に関わっている。
　　Kohler は、1930年代の米国において「費用収益対応」の先駆的提唱者であった。
　　大野功一訳、前掲書、1983、p. 256。

19　Governmental Accounting Standards Board of the Financial Accounting Foundation, *Concepts Statement NO.1 of the Governmental Accounting Standards Board, Objectives of Financial Reporting*, GASB, 1987, para. 56.

20　Peter Block, *Stewardship*, Berrett-Koehler Publishers, 1994, p. xx.

21　Governmental Accounting Standards Board of the Financial Accounting Foundation, op.cit., AppendixA の para. 80. 以下の文言である。
　　"The term accountability is used extensively in public administration literature but suffers from imprecise meaning. It is probably best understood in the context of stewardship, but it has been developed more recently within the context of performance auditing."

22　AAA, "Report of the Committee on Accounting in the Public Sector 1974-76", *The Accounting Review*, Supplement to Vol. 52, 1977, p. 43.

第2節　会計が求められる人間関係

　任せた仕事が終了すれば、その仕事の評価は容易におこなうことができる。対価が支払われ、財の受渡しが終了すると、任せた仕事は需要者の手元にある。任せた仕事の成果の測定は終了している。次にまた、その財やサービスを利用するかどうかの判断の基礎ともなる。成果の測定は財やサービスの受渡しの際に会計がおこなわれ、会計責任からも解放される。

　任せる仕事が、将来に向かっての役務の提供となると、仕事を任せた時点から時の経過による記憶の減衰を補うために記録が必要となる。その記録は、役務の提供が終了するまで継続する。会計に記録が必要となるのは、この時からである。約束が単純であれば、双方が約束を果たせたか、果たせなかったかを記録から確認することができる。

　約束の履行状態の把握が約束を交わした一方でしか把握できないような場合に、説明責任が生じる。任された仕事を正当に遂行していることを説明する責任を「会計責任」という。自己の行為の正当性を説明する会計責任の要求度は、説明をおこなう者と説明を受ける者の信頼関係と利害関係の大きさに依存する。すなわち、「利害関係の大きさ」に比例し、「信頼の程度」に反比例する[23]。

　利害関係が大きければ、会計責任は高まる。当事者間の信頼の程度が小さければ、会計責任は大きくなる。これを式として示せば、次のようになる。

$$会計責任の要求度＝\frac{利害関係の大きさ}{信頼の程度}$$

　信頼は、約束を守ることから生まれる。信頼は、説明を受ける者が説明

23　吉田寛『公会計の理論』東洋経済新報社、2003、p. 17。

をおこなう者をどれほど知っているかに依存する。説明を受ける者が、説明をおこなう者の信念や性向を理解していれば、自己の行動の正当性を説明する必要性は小さい。報告を受ける者が、報告者のおこなう対応を推測できるからである。

また、報告者のおかれた立場に対する理解も重要である。報告者のおかれた立場により、その対応も変化する。報告者が経済活動をおこなう際に、どのような選択をすることが可能であったかは、その活動の正当性を判断するうえで不可欠な情報である。報告を受ける者も、報告者に選択できない選択を要求することはできない。報告を受ける者が、説明をおこなう者の信念や性向を理解したうえで、距離的・地位的・時間的に近ければ、報告者が可能であった選択肢についての情報も共有できる。このためその行動を理解することは容易になる。

第3節　本書の構成

『第二次世界大戦』を著したウィンストン・チャーチル（Winston Leonard Spencer-Churchill, 1874-1965）は、「遠い過去を見渡した者が遠い将来までを見通すことができる[24]」と述べている。会計においても、その成り立ちを訪ねることで、今後の会計のあるべき姿を見通すことができる。

会計の言葉の由来は、任せた仕事に向き合い、その役立ちを計ることにある。市場においては、他人の成果を取引により利用する。第1章「市場のはじまり」では、取引がおこなわれる市場がどのように成立したか、そ

24　チャーチルの英国王立医科大学（Royal College of Physicians）での1944年3月2日のスピーチにある。
　　Robert Rhodes James (ed.), *Winston S. Churchill: His Complete Speeches, 1897-1963, v.7: 1943-1949*, Chelsea House Publishers, 1974, p. 6897.

の由来を検討する。市場での取引が人々の生活に与えた影響を考察し、市場での取引を効率化する要素について検討する。

第2章「交換と略奪」においては、前章でその由来を尋ねた交換に対して、「略奪」が与える影響を検討する。略奪も他人の成果を利用する方法である。交換と略奪が人々の豊かさにどのような影響を互いに与えるのかを検討する。また、それまで市場にないものを提供するパイオニアを、市場がどのように処遇するのかも検討する。市場が成長することで、パイオニアの業績を継承するフォロワーが市場から受ける効用とパイオニアの受ける効用の比較をおこなう。また、他人の成果を略奪によって利用する場合の社会全体の豊かさへの影響を余剰分析の方法により検討し、併せて減税のもたらす影響を明らかにする。

第3章「会計なければ分業なし」においては、社会の分業によって、会計の対象がどのように変化してきたかを明らかにする。コーラーは、会計を「記録と報告[25]」とした。その記録の対象も、会計が計ろうとする功績の変化に伴って変化してきたことを確認する。第1章で、確認した財の市場は、生産者と利用者を分離した。貨幣の流通により生じる信用取引、商圏の拡大による家業と家計の分離、大量生産のための施設を準備する資本調達から生じた資本と経営の分離と、委ねられる仕事は細分化し、専門化してきた。これに応えるための会計の機能の変化を検討し、これらの変化を通じて一般的に適用される会計原則を演繹的に明らかにする。

第4章「会計を知らなかった人たち」においては、他人の仕事に依存する社会において会計の果たす役割が明らかでなかった時代に、どのような誤謬を引き起こしたのかを、アダム・スミス、マルクス、伊藤博文、レーニン、ケインズについて検討する。

第5章「主権と権力の分離」においては、主権と権力が分離した統治形態において、良い権力者を見出すための会計を検討する。資本と経営が分

25　染谷恭次郎訳、エリック・L. コーラー『コーラー会計学辞典』丸善、1989、p.8.

離した初期の株式会社においては、会社の業績を鑑みることなしに、借入や増資によって得た資金を原資として高い配当がおこなわれた。利益から配当を支払うべきであるとする会計原則が会計報告の作成に適用されて、株主は良い経営者を見出すことができるようになった。

　我が国の財政は、借入によって得た資金を原資として福祉政策を初めとする諸政策がおこなわれている。第3章で検討した演繹的に導出した原則に従うことで、良い代表を選び出すことが可能になることを確認する。

　終章「権力を抑止する方法」においては、これまでの考察を確認して権力の濫用を抑止する会計を実行するうえでの障害と、これに対する対応を検討し、結びとした。

第1章

市場の始まり

1 他人に依存する
2 様々な才能　多様な生産物
3 交換が交換の当事者を豊かにする
4 他人の成功を利用する
5 文字と尺度と貨幣
6 交換の増加と効用の増加の関係

先知ノモノ之ヲ後知ニ伝ヘ、
先覚ノモノ後覚ヲ覚シテ、
漸（ぜん）ヲ以テ進ム、
之ヲ名ツケテ進歩ト云フ、
進歩トハ、旧ヲ舎（す）テ、新キヲ図ルノ謂ニ非ラザルナリ[1]。

---

1 1871（明治4）年から1873（明治6）年に岩倉具視を団長とする岩倉使節団の欧米各国での見
聞の記録。国の隆興の由来を「どの国にしても、その発達の根源から見ていくならば、急に勃
興したものなどはない」とし、続いてこの一文がある。
久米邦武編、田中彰校注『特命全権大使米欧回覧実記　2』岩波書店、1985、p. 115。
水澤周『現代語訳特命全権大使　米欧回覧実記　2』慶應義塾大学出版会、2005、p. 118。
孟子の万章篇に「使先知覺後知、使先覺覺後覺也（先知のひとをして後知のひとを覚さしめ、
先覚のひとをして後覚のひとを覚さしむ）」とある。
金谷治『孟子』朝日新聞社、1966、pp. 313-314。

第1節　他人に依存する

　市場は、余剰を豊穣に変える。空腹に対する不満と餓死に対する不安を、農業が軽減した。自ら身近にある植物や動物を観察し、食し、時には美味に驚き、時には不味さに驚く。不味いものであっても、焼いたり、揚げたり、煮たり、炊いたりすることで好ましい食べ物になることも知る。あるいは、薬としての効用を知る。乾燥し煎じ、服用して病苦を軽快し、すりつぶして塗布して傷を治す。毒に中る植物があることも知る。毒のある植物でも栽培が容易なら、水に曝したり灰汁につけたりして、毒を除く方法を見付ける[2]。

　秋の彼岸に赤い放射状の花をつける彼岸花は、畦によく植えられている。鱗茎にある毒によって動物の侵入を防ぐのだが、この鱗茎を薄くはぎ、天日に干すと利尿や去痰の効能を持つ石蒜となる。また水に曝すと無害化するので、救荒作物としても利用された[3]。

　植物の繊維を取りだし、あるいは獣皮や繭から糸を撚り、布を織る。観察と経験を積み重ねることにより、食物や衣料などの日用品として利用できる植物や動物を見つけだす。

　唐の司馬貞（679-732）は、植物を観察し、農耕を教え、交換[4]を始めた事績を、神農に仮託して伝えている。司馬貞は、約束をすること、狩猟の方法、家畜を飼い料理をすること、夫婦となることを教えた伏犧、女媧[5]に続いて神農を『三皇本紀』に残し、これを前漢の司馬遷が記した『史記』の始まりの部分に置いた。

2　大塚初重編『日本考古学を学ぶ（2）　原始・古代の生産と生活』有斐閣、1979、p. 203。
3　武田明正『宮川村の薬草』宮川村教育委員会、1999、p. 135。
4　本章では、「交換」と「取引」を同義として扱った。
5　吉田賢抗『史記（一）本紀　司馬遷撰』明治書院、1973、pp. 17-28。

第1章　市場の始まり──15

神農については「木を斲って耜と為し、木を揉て耒と為し、以て万人に教へ、始めて耕を教ふ」また「赭鞭を以て草木を鞭ち、百草を嘗めて初めて医薬有り[6]」と記している。「炎帝」という別称を持つ神農は、農業を始めるにあたり、植物を観察する。発芽率の高い種を選別し、日照時間が短くなっても栽培できる植物、味の良いもの、より大きな実をつけるもの、収穫の多い系統と、有用な植物を選択し[7]、次世代に累積された経験と知識を継承する。神農は人々に、田畑を作り、その土地に適した作物を作ることを教える。土を耕す鍬と土を掘り起こす鋤を使うことも人々に教える。自然に生える食料を採取して命をつないできた人々は、神農により食べ物を見つけることができないという不安と、空腹を満たすことができないという不満から解放される。

　農具を使う経験が、農具の改良につながる。次世代にその経験と知識を継承する。採取していた植物は農作物となり、農業の生産性は向上する。生産量は、自家消費を上まわるようになり、余剰が生まれる。貯蔵手段が乏しく備蓄が困難な時代に、余剰を交換することによって他人の成果を手に入れる。余剰は、交換により無駄になることなく、さらに高い効用を人々は得ることができるようになる。人々は豊かになる。

　『三皇本紀』は、神農が農耕に続いて市を開くことを教えたとしている。神農は、取引を始める時間を太陽が南中する時間、正午と定めた[8]。夜明け前、月明かりだけが照らす道を、生産した余剰を背負い、あるいは牛に乗せ、あるいは、舟を漕いで市の開かれる場所に出かける。市場での交換が終わると、交換して得た品物を背負い、あるいは牛に荷を乗せ、あるいは舟で、日の沈むまでに家族の待つ家へと急ぐ。

　異なる地域に住む人々は、それぞれの地域の特性に応じて異なった物を

6　同書、p.22。
7　三輪睿太郎訳『ケンブリッジ　世界の食物史大百科事典　1』朝倉書店、2004、p.362。
　　カボチャについてこのような順化が、有史以前におこなわれたことを紹介している。
8　『史記』に、「教人日中為市、交易而退、各得其所」とある。
　　吉田賢抗、前掲書、p.22。

生産する。農産物の種類は、土地の性質によっても異なる。漁撈の方法も採れる魚貝も、川と海とでは異なる。川の舟と海の舟も形が異なる。

　物財の交換に関わる会計は簡単だった。成果は交換の時点で提供された。計るべき成果は目の前にあり、手に取り、吟味することができた。交換がおこなわれた時点で、取引を評価する会計は終了した。会計は、交換をおこなおうとする各当事者で各々解決することができた。品物から得る効用が評価され、取引される。相手に対する信頼の程度の如何にかかわらず、会計責任は取引がおこなわれると同時に解除される。

　人々が他人の成果を利用し始める沈黙交易[9]の時代、取引に参加する人々は、その身を守るために互いに姿を見せることも、言葉も交わすこともなかった。交換の対象となる物財は手に取って吟味された。それぞれの品物は生産者の仕事の成果であった。収穫した穀物であり、見つけた漁場に網を入れて得た漁獲であり、あるいは採取した石でもあった。交換によって得た品物の有用性は、交換の際に吟味される。初期の交換では、この吟味は十分な時間をかけておこなわれた。

　田を耕すことで得た米、畑を耕すことで得た作物、川で釣った魚、海で網を引いて得た魚、あるいは銛を突いて得た魚、海辺で採れた貝、河原で拾った石。他人の生産物をさらに加工した製品。様々な場所からの余剰が、市に集まる。

　多彩な地域に住む人々が市に集まることで、市場には多様な商品が集まり、多様な人々の間で交換される。市で取引される品物は多様になる。多様な品物が並ぶ市は、多様な需要に応えるので、たくさんの人を引きつける。商品の多様性が、市場の魅力となる。正午に市を開くのは、市の魅力を高めるための工夫であった。

　1973年に中国の浙江省の紹興市の会稽山に近い河姆渡遺跡で発見された稲作農業遺跡は、7,000年以上前のものだとされる[10]。長江中流の彭頭山

9　中村勝訳、H. グリァスン『沈黙交易』ハーベスト社、1997、pp.73-105。
10　梅原猛／安田喜憲『長江文明の探究：森と文明の旅』新思索社、2004、p.20。

第1章　市場の始まり──17

遺跡になると、8,600年以上前に稲作の起源を遡ることができる[11]。さらに、洞庭湖の南に位置する玉蟾岩遺跡の14,000年前の地層から栽培型の稲籾が発見されている[12]。

洞庭湖の東には、神農の別名である炎帝を冠した炎帝陵がある。神農の最後の仕事となったのは、吸葛によく似た可憐な花をつける冶葛（学名：Gelsemium elegans）を試すことであった。吸葛には、利尿や健胃の作用がある[13]。鈎吻ともいう冶葛は、猛毒を持つ。神農はこれを試したために腸が切れて亡くなった。腸が切れたという伝承により冶葛には、断腸草という名前もある。

神農は、生活を取り囲む様々な植物を、有用なのか、あるいは遠ざけるべきなのかを、自らの身体を使って検証した。植物の中から薬として使える植物、あるいは毒となる植物が分けられた。植物の毒性や薬効に関する情報も残した。自らの命を犠牲にして薬を見つけだした神農の名は、中国最古の薬物学の書『神農本草経』の書名となっている[14]。経験を記録することで、その記録を理解した者は、その経験を共有することができる。「神農」[15]という名は、まだ文字のない時代、稲作の始まった長江流域で、植物を観察し、推論し、身をもって実験し、失敗を繰り返した経験と結果を人々に伝え、その名前は伝えられなかった古代の人々への諡である。

道具を作るという知識と経験の蓄積が、移動手段の改良にも及ぶ。

玉蟾岩で稲作がおこなわれたのと同時期の14,000年前、福井県の鳥浜貝塚でも人々が集まり生活していた[16]。鳥浜人は木工技術に長け、製品に応じた樹種を選択していた。常使いの木製の盆や鉢や櫛といった製品には、赤や黒の漆が塗られていた[17]。また、中央アジア原産のアサ[18]やアカソやカラムシ[19]を使った網布も織られていた。

11　安田喜憲『稲作漁撈文明：長江文明から弥生文化へ』雄山閣、2009、p. 61。

12　同書、p. 63。

13　武田明正『宮川村の薬草』宮川村教育委員会、1999、p. 91。

14　（魏）呉普等述『神農本草經（上）』藝文印書館（台北）、1968。

15　薬問屋が集中した大阪市道修町の少彦名神社に、神農も「薬の神」として祀られている。

破断面の鋭利なサヌカイトと黒曜石は、石器時代から刃物として利用されていた。溶岩から生成されるので、火山があれば見つかるが、良質な物の産地は限られる。サヌカイトは、香川県坂出市や大阪府と奈良県境にある二上山で良質の物が産出される。鳥浜遺跡で利用されていたサヌカイトは二上山の産であり、黒曜石は山形県の月山、島根県の隠岐の島[20]、長野県霧ケ峰の山麓で産出されたものであった。鳥浜遺跡で出土した舟底の浅い丸木舟ではなく、もっと大きな舟で隠岐の島等との交易がおこなわれていたことを推測させる。

河姆渡遺跡で発見されたヒマラヤや中国原産のシソ[21]、インド原産のリョクトウ[22]の種やエゴマの種[23]、さらにアフリカ原産のヒョウタン[24]の種子と果皮が、鳥浜貝塚[25]や三内丸山遺跡[26]でも出土する。このことから、環境考古学の安田喜憲は、この時代の人たちが、海を越えて交易をおこなっていたとしている[27]。

神農は、人々が目にする植物が食べることができるのか、また避けなけ

16　鳥浜で発掘された「斜格子沈潜文土器」の製作は、13,644±71年前とされる。年代の特定に利用された水月湖の年縞は地質学的年代の世界標準となっている。
　　鳥浜貝塚から出土した鉢は13,644年±71年前のものとされている。
　　若狭三方縄文博物館『常設展示図録』若桜町歴史文化課、2014、p.14。
17　森浩一編『日本の古代　4　縄文・弥生の生活』中央公論社、1986、pp.77-93。
18　星川清親『栽培植物の起源と伝播』二宮書店、2013、pp.192-193。
19　『古事記』には、苧を利用して夜具を作ったとある。
　　倉野憲司校注『古事記　祝詞』岩波書店、1958、p.105。
20　森浩一編『日本の古代　2　列島の地域文化』中央公論社、1985、p.289。
21　三輪睿太郎訳『ケンブリッジ　世界の食物史大百科事典　5』朝倉書店、2005、p.88。
22　「もやし」の原料ともなる。
　　下中直人『世界大百科事典　29』平凡社、1988、p.722。
23　下中直人『世界大百科事典　3』平凡社、1988、p.509。
24　中尾佐助『栽培植物の起源』岩波書店、1966、p.80。
25　若狭町歴史文化課『若狭三方縄文博物館　常設展示図録』若狭町歴史文化課、2014、p.20。
26　安田喜憲、前掲書、p.140。
　　鳥浜貝塚でも河姆渡遺跡でも出土する鹿角斧を、安田は交易の証左としている。春先に抜け落ちる鹿の角は、集めるのが容易であり、その形状から穿孔などに利用されるのは容易に想像される。
27　同書、pp.303-306。

ればならないかを、自身の命により検証した。神農の名の陰に潜む人々も、同じように身近にある植物を食すために、灰汁を抜き[28]、水に曝し、あるいは熱するという調理法を見つけて、現代まで継承された。

　自然との関わりの中で蓄積された知識が、食べられる植物を見分けることを可能にした。食べられる食物との関わりが大きくなると、相対的に食べられない植物との関わりが失われる。これまで継承してきた植物を見分ける知識も失われる。自然との関わりは希薄になる。

　知識は、新しい知見を獲得した人の獲得財である。知識を継承するための道具が文字である。黄帝に仕えた蒼頡が、鳥の足跡を見て漢字を作った[29]。文字を利用することで、先人の知恵を記録し、保存しておくことができる。時間と空間を越えて、知識は継承されうる。知識や経験が継承財[30]となる。

第2節　様々な才能　多様な生産物

　人々の私有財産制が確保されて、交換は成立する。

　貸借対照表は、一定時点の特定の経済主体の財政状態を表す。貸借対照表の左側にあるのは、資産と呼ばれ、貸借対照表で示す者が有する資源を示す。私有財産が認められていれば、自ら生産した者は、生産者の資産と

28　水曝しをすることで青酸を除くことができる。サトイモに似たクワズイモは、水曝しをし、有史以前から食用に利用されていた。
　　池橋宏『稲作の起源』講談社、2005、p. 81。

29　段玉裁編注、許慎撰『説文解字注』に、「黄帝史官倉頡、見鳥獣蹄迒之跡、知分理之可相別異也、初造書契」とある。
　　許慎撰、段玉裁注『説文解字注』上海古籍出版社、1981、p. 753.
　　これに対して『史記』には、伏犠が文字（書契）をつくり、それまでの結縄に代えたとある。
　　吉田賢抗、前掲書、1973、p. 17。

30　「獲得財」「継承財」の分類については下記を参照されたい。
　　吉田寛『環境会計の理論』東洋経済新報社、2011、pp. 46-51。

なる[31]。ここでは、資産とその用途を自らの消費に充てる部分と、個人では消費できない余剰生産物とに分ける。貸借対照表の右側は、その資源の調達を誰によったかを示す。自給自足の状態では、他人へ返すことを予定する負債はない。

『史記』が農業の始まりを神農の試すという行為に依っているのに対して、『古事記』は異才の犠牲に農業が始まったと次のように伝えている。

八百万の神の食物は、大気都比売が鼻や口や尻から出す様々な味わいのある食物によっていた。その様子を見ていた速須佐之男が、汚いと大気都比売を殺める。その遺体の頭から蚕、目から稲、耳から粟、鼻から小豆、陰から麦、尻から大豆が生り、これらの種によって農業が始まったとしている[32]。農耕を知ることで得た生産物は、生産した個人の物となる。所有するすべては自分の物となり、純資産として表示される。

ここで交換が私有財産に与える影響を、貨幣の流通が始まる前を想定して貸借対照表により検討する。図1はA氏の貸借対照表である。

A氏は個人で消費する資産として、米・コムギ・アサを保有し、さらにその生産物の余剰として米とコムギを持っている。それぞれの資産は以下の特徴を持つ。

米

田という字は、灌漑に利用される畦をかたどって米を作る場所を示す。稲の栽培には多量の水が必要になる。降水量が夏季に最大となる温暖湿潤

31　アダム・スミスは自己の労働により生産された物が、生産者に帰属することを重視している。大内兵衛／松川七郎訳、アダム・スミス『諸国民の富　1』岩波書店、1985、p. 337。

32　西宮一民校注『古事記』新潮社、1979、p. 53。
　　『日本書紀』では、大気都比売を保食神、速須佐之男を月夜見尊としている。保食神は、陸を向いて口から米飯を吐き出し、海を向いて口から魚を吐き出し、山を向いて口から獣を吐き出し、これにより月夜見尊をもてなした。月夜見尊が「汚らわしい」と怒り、保食神を斬る。保食神の遺体の頭から牛馬、額から粟、眉から蚕、目から稗、腹から稲、陰部から麦・大豆・小豆が生まれたと語られている。頭から生まれた牛馬は農耕に供されたとしている。
　　飯田季治『日本書紀新講　上巻』明文社、1936、pp. 131-139。

図1	自給自足の貸借対照表

A 氏の貸借対照表

個人消費 　米 　コムギ 　アサ 余剰生産物 　米 　コムギ	純資産

気候が稲作を盛んにした。水田を利用する稲作は、高い生産性が維持されることになる。

　中世のヨーロッパでは、畑に撒いた一粒の麦は4粒にしかならなかった。奈良時代の水田では、一粒のコメは25粒にもなった[33]。チッソは植物の生育に欠かせない肥料である。畑の場合は、雨が降るとチッソが雨と一緒に流れてしまう。畦を造り、田に水を張ることで、田んぼのチッソは流出しない。地力が維持される。畦があると、冬でも田には水がたまる。水をためることで農作の障害となる好気性細菌を除くことができる。稲作では連作障害はない。米については、収穫逓減の法則は適応しない。

コムギ

　コムギは、米ほどには水を必要とせず、手入れも少なくて済む。しかし、その実を食用にするには、手間を必要とした。コムギは、籾殻が堅く、また籾殻が胚乳部に陥入しているので、取り除くのが難しい。米のような粒食に適さない。粉にすれば加工は容易なのだが、粉にするには碾き臼が必要となる。

　日本には推古天皇18（610）年に高麗の僧曇徴が、碾き臼をもたらした[34]。これが世間に出回るのは江戸時代になってからであった。うどんを日本にもたらしたのは空海[35]だともされる。製粉するための碾き臼を利用するの

33　池橋宏、前掲書、pp. 120-121。

が困難なこの時代、うどんは貴重な食物であった。

アサ

　黄帝の家臣であった伯余が、アサを使って初めて衣を作った、と『淮南子』に、次の記述がある。「伯余之初作衣也、緂麻索縷、手經指掛、其成猶網羅（初め衣を作るや、麻を緂ぎて縷を索ひ、手経り指掛け、其の成ることを猶網羅のごとし[36]）」。

　最初のアサの布は、機を使わず手作業によるものだったので、網のように目のあらいものであった。この文章は、『後世為之機杼勝複　以便其用而民得以撥形御寒』と続く。「伯余の技術を継承した者が機織の道具を作りより良い衣服を作ったので、民衆は寒さをしのぐことができるようになった」というほどの意味である。日本には、1世紀頃には伝わっていた[37]。

　伯余が布を作る材料としたアサは、『古事記』にもその記載がある[38]。アサは、16世紀の木綿の栽培が再開されるまでは、庶民の衣服のただ一つの素材であった[39]。

34　飯田季治『日本書紀新講　下巻』明文社、1938、pp. 269-271。
　　中国でも碾き臼は、搗き臼に比べて遙かにおそい漢の時代に利用されるようになる。
　　天野元之助『中国農業史研究』御茶の水書房、1979、p. 868。

35　田中俊男「空海とうどんの関連性についての一考察」『日本うどん学会誌『うどん道』』第3号、2006、p. 34。

36　楠山春樹『淮南子（中）』明治書院、1982、pp. 688-689。

37　星川清親、前掲書、pp. 193。

38　西宮一民校注『古事記』新潮社、1979、pp. 136-137。
　　三輪山の由来が記されている。

39　福井貞子『木綿口伝』法政大学出版局、2000、pp. 8-11。
　　多くの肥料が必要となる綿の栽培だが、799（延暦18）年に三河に漂着した崑崙人がもたらした棉の種を用いて栽培がおこなわれたが、広まることなく、廃れた。
　　吉村武夫『綿の郷愁史』東京書房社、1971、p. 12-22。

第3節　交換が交換の当事者を豊かにする

　A氏の住居をB氏が訪れる。B氏の貸借対照表は図2のようであった。B氏の携えてきた彼の余剰生産物は、アワと海苔である。B氏の資産は以下の特徴を持つ。

アワ

　アワはネコジャラシとも呼ばれるエノコログサと交配が可能で、縄文時代からヒエとともに栽培されていた[40]。アワは、乾燥している土地に生育し、生育期間も短い。律令制下の税制度の租庸調の租として収めるのはアワを基本としていた。平安時代722（養老6）年までは、飢饉・旱魃に備えて義倉に蓄える作物とされていた[41]。アワは、他の穀物と比べて長期の保存ができ、精良な穀物であるとされた[42]。アワは、生産が容易だが、地力を消耗するので連作障害が生じる。中国では南北朝時代（420-589）から輪作が採用されている[43]。

　戦国時代を生きた孟子（B.C.372-B.C.289）の時代、やがて稲を表象する米という字は、アワを表わした。アワは農業の根幹であった。孟子は、自給自足の限界を説き、生産したアワを様々な品物と交換していく過程を示して、許子に分業が重要であることを説明している[44]。

　戦後の米の品種改良により、米の耕作の北限も広がり、食味も良くなった。このためアワの作付面積は減少する。1900（明治33）年頃までは、20万ヘクタールであったが、1961（昭和36）年には1,500ヘクタールとなる。60年で0.75％にまで減少している[45]。

40　安田喜憲『稲作漁撈文明：長江文明から弥生文化へ』雄山閣、2009、p. 307。
41　藤原継縄／菅野真道等奉勅撰、直木孝次郎他訳注『続日本紀　1』平凡社、1986、p. 75。
42　同書、p. 175。

| 図2 | 行商人Bの貸借対照表 |

個人消費 アワ 海苔 織機	純資産
余剰生産物 アワ 海苔	

海苔

　縄文時代は貝を食べることで塩を摂取していた。4世紀の若狭では土器を利用した製塩が始まっていた[46]。『常陸国風土記』[47]では、「流れ海」と記される霞ヶ浦で藻塩焼による製塩がおこなわれていたとしている[48]。

　製塩された塩だけでなく、海苔を中心とする海藻の摂取は、手軽な塩分の摂取法であった。『常陸風土記』の頃、霞ヶ浦に浮かぶ浮島は、長さが2,000歩、幅が200歩の島で、そこには15件の家があり、海苔が乾されていた[49]。『出雲風土記』には、この浮島の16箇所で海苔の生産がおこなわれていたと記録されている[50]。養老律令の『賦役令』では、納めるべき調の三十三項目の一つに、海苔が挙げられている[51]。

43　天野元之助『中国農業史研究』御茶の水書房、1979、pp. 911-912。

44　金谷治『孟子』朝日新聞社、1966、pp. 158-167。

45　町田暢『作物大系 第3編 雑穀類』養賢堂、1963、p. 2。

46　福井県立若狭歴史民俗資料館『福井県立若狭歴史民俗資料館　常設展示』福井県立若狭歴史民俗資料館、1997、pp. 16-17。

47　『常陸国風土記』那賀郡の項にある。
　　秋本吉徳全訳注『常陸国風土記』講談社、2001、pp. 142-144。
　　『常陸国風土記』は、国司が土地の古老の伝承を聞き書きする形式をとって721（養老5）年に記されている。聞き書きしたとされる常陸国の国司藤原宇合（694-737〔天平9〕）は、遣唐使の副使として唐に渡っている。

48　『常陸国風土記』「行方郡」の項にある。
　　秋本吉徳全訳注、前掲書、pp. 36-39。
　　その後、海水の流入が減って塩分が低下し、また千葉県行徳あたりの塩が流通するようになったため、霞ヶ浦で製塩がおこなわれた記録はない。

49　『常陸国風土記』「信太郡」の項にある。現在は、稲敷市と地続きなっている。
　　同書、pp. 37-44。

織機

　最初の機械である織機を天照大神も利用したことが、『日本書記』にある[52]。綜絖に張られた糸の数だけ横糸を通すことができるので、布を織る効率は大きく改善した。『古事記』には、神代の時代から織機が使われたとあり[53]、『魏志倭人伝』には、倭人が植物繊維の衣服を着ていたとある[54]。また『常陸国風土記』には、「倭文」と呼ばれる模様を配した植物繊維の織物が織られていたとある。この倭文を地名とするのは美作国、上野国、淡路国、因播国があり、14社の各地にある倭文神社は機織がその地で古くからおこなわれていたことを示している[55]。

　見知らぬ人は警戒される。A氏の住居を訪れたB氏もまた警戒される。初期の取引は、沈黙交易の形態をとった。沈黙交易は、法顕三蔵[56]が409年から411年まで滞在したスリランカで伝聞し、グリァスンが世界のいたるところで観察[57]している。沈黙交易の段階では、旅先の土地の人々が作る品物と、旅人がもたらす品物とが異なっていることが取引を始める要因となる。持ち込んだ品物が、取引に応じるだけの価値があるかないかは、取引を申し出た者が存在しないところで品物を手に取り、吟味される。

50　秋本吉郎校注『古事記』岩波書店、1958、pp. 43-45。
　　宮下章『海苔』法政大学出版局、2003、pp. 31-32。
51　井上光貞校注『律令』岩波書店、1976、pp. 249-250。
52　坂本太郎篇『日本書紀　上』岩波書店、1967、p. 111。
53　西宮一民校注、前掲書、pp. 49-50。
　　天岩戸にこもる直前に機を織っていた。
54　森浩一編『日本の古代　1　倭人の登場』中央公論社、1985、pp. 119-120。
55　井上辰雄『『常陸風土記』の世界』雄山閣、2010、pp. 164-165。
56　法顕（337-422）は、中国東晋時代の僧。三蔵は高僧への敬称。法顕は、64歳で長安を出発しヒマラヤ山脈を迂回して5年をかけてインドに入り、ベンガル湾から東シナ海をぬけ、78歳で南京に帰国。
　　長津和俊『法顕伝』雄山閣、1996、pp. 191-192。
57　中村勝訳、フィリップ・ジェイムズ・ハミルトン・グリァスン『沈黙交易：異文化接触の原初的メカニズム序説』ハーベスト社、1997、pp. 73-77。
　　1903（明治36）年に刊行された The Silent Trade の訳書。

| 図3 | 交換をおこなった後の両者の貸借対照表 |

A氏の貸借対照表

| 個人消費
　米
　コムギ
　アサ
　海苔
余剰生産物
　コムギ | 純資産 |

B氏の貸借対照表

| 個人消費
　アワ
　海苔
　織機
　米
余剰生産物
　アワ | 純資産 |

　B氏の作物であるアワと海苔が、剥出しでA氏の手許におかれ、評価を受ける。A氏は、アワを知ってはいたが、米の余剰があっても米の食味を好んだので、余剰をアワと交換することはなかった。A氏がB氏の作物である海苔を初めて目にする場合、その評価は難しい。B氏の解説がなければ、海苔をどのようにして利用するのか、推測できない。B氏の創意工夫が込められた海苔であっても、A氏に作物を評価する能力がなければ、作物に価値を見出すことはできない。A氏は交換に応じない。A氏が海苔を知っていれば、この交換で両者はおにぎりを海苔で包むことができるようになる。

　B氏が、A氏に評価され利用可能な作物を提供し、「私の欲しい物をください、そうすれば、あなたの欲しい物をあげましょう[58]」という約束を互いに守る者であることが理解しあえるようになると、直接対面して交換をおこなうようになる。こうしてB氏は、A氏が理解できなかった作物の利用方法や有用性を説明することが可能になる。

　取引は、双方の自由[59]な意思を尊重する。自由な意思による取引の申し出と、その申し出を受けた者の自由な承諾により取引は成立し、自由な意

58　アダム・スミス（Adam Smith, 1723-90）は取引をこのように定義した。
　　大内兵衛／松川七郎訳、前掲書、p. 118。
59　ハイエクは、「自由」を「一部の人が他の一部の人によって強制されることができる限り少ない人間の状態」としている。
　　気賀健三／古賀勝次郎訳、ハイエク『自由の条件　Ⅰ　自由の価値』春秋社、1986（新版2007）、p. 21。

思に基づく拒絶により取引は不成立となる。取引をおこなう当事者が検討するのは、取引前と取引後の満足の比較である。取引をおこなう前よりも満足が大きくなるならば取引は成立し、継続して反復される。満足度が小さくなるのであれば、取引は成立しない。

　言葉も交わさず姿も見せずに交換をおこなっていては、提示した品物が受け入れられなかった理由を知ることはできない。直接対面して取引するようになると、なぜその品物の交換に応じなかったかの理由だけでなく、相手の需要がどこにあるのか、あるいはどのような品物が用意できるのかが分かるようになる。

　A氏は、米を余剰として有しているので、その食味からもアワは交換に値する品物ではなかった。B氏は、石臼を持っていない。コムギを小麦粉として利用する術がなければ、交換する価値はない。A氏のコムギがB氏に受け入れられなかったのは、この穀物を利用する術がなかったことを知る。A氏は、B氏が織機を持っていることを知る。B氏に刈り取ったアサを委ねれば、「手経り指掛け」て自分で布を作るよりも目の詰まった麻布を手に入れることができる。B氏は、A氏から機織の材料となるアサを調達することが可能だと知る。

　互いに言葉を交わすことで、A氏が欲しいもの、あるいはB氏が欲しいものを見越して取引を準備することが可能になる。A氏は米だけでなくアサをB氏のために用意する。B氏は次回の行商では、コムギに代え、製品である麻布を用意する。互いの事情を知ることで、交換の対象はそれぞれの余剰から、交換を前提とした品物を用意するようになる。

第4節　他人の成功を利用する

　取引は、参加する者双方の効用を増大させる。互いに納得できる条件で

交換を重ねることで、相手が信用できることを知り、互いに姿を現し、取引をおこなうようになる。取引先を尋ねて歩く行商よりも、品物を一ヶ所に持ち寄ることで、多くの人の利便性が高まる。市が開かれるようになる。

　701（大宝元）年に定められた大宝律令と大きな違いはなかったとされる養老律令が、757（天平寶字元）年に施行される。養老律令は、都に東西二つの市を置く[60]。これらの市は、神農が教えたように、毎日正午に開かれ、日暮れには太鼓を3回鳴らして取引を終了した。市司という役人が市を監督し、宮中の警護にあたる六衛府の役人でも帯剣したまま市場に入ることは許されなかった[61]。また、各地の市が賑わっていた様子が、713（和銅6）年に編纂を命じられた各地の風土記に以下のように記されている。

　『常陸国風土記』には、現在の茨城県の高浜辺りに、社郎や漁嬢は浜を伝って、商人や農夫は小舟で季節ごとに集まる様子が描かれている[62]。

　『出雲風土記』では、玉造温泉の辺りに市があり「男も女も、老いたるも少きも、或は道路に駱驛り、或は海中を洲を沿ひて、日に集ひて市を成し[63]」とあり、さらに松江市辺りで「市人四より集ひて、自然に廊をなせり[64]」とある。

　市での取引は、行商による相対での取引と異なり、多くの人が生産物を持ち寄り、取引がおこなわれる。様々な才能が市場に集まり、評価される。「私の欲しい物をください」という申し出によって始まった取引は、「欲しい」と思った物を手にして吟味される。市場で取引をおこなうことで生活も変化する。自分のための生産ではなく、他人のために生産するようになる。市場での会話がそのきっかけとなる。

　B氏に必要な素材だということを知ったA氏は、アワの生産を減らし、

60　會田範治『註解養老令』有信堂、1964、pp. 263-264。
61　921（延喜21）年に成立した延喜交替式に記載がある。
　　黒板勝美編輯『交替式・弘仁式・延喜式』吉川弘文館、2000、p. 928。
62　秋本吉郎校注『風土記』岩波書店、1958、p. 49。
63　同書、p. 111。
64　同書、pp. 136-137。

アサの生産量を増やし、Ｂ氏に提供する。自分のための生産を、Ｂ氏のための生産に切り替える。Ｂ氏は、アサを仕入れ、麻布をＡ氏に提供するだけでなく、市場を通じ提供する。市場に集まる多くの人々に、作った物を見せることができる。店先を通り過ぎる全ての人が、Ｂ氏の客になる必要はない。店に入り、Ｂ氏の織った麻布を手に取り、評価し、彼が生計を立てるに足る支払をする僅かの顧客がいればよい。麻布を織り、その品物が市で売れるというＢ氏の成功は、Ａ氏がアサの生産に依存して生計を立てることも可能にする。市場は他人の成功を利用する。

　Ｂ氏の麻布の成功により、Ｂ氏は麻布造りに集中する。それまでおこなっていた海苔やコムギの生産を続けることをやめる。新規参入を容易にする。

　コムギは、製粉する手間を嫌って飼料に利用されることが多かった[65]。コムギを粉にする碾き臼を人々が手に入れるのには、世界一の鉄砲の保有が実現した戦国時代の火薬の製造[66]や、茶葉を抹茶に碾いて楽しむ喫茶の隆興が必要であった。コムギが小麦粉として利用されるようになるためには、しばらくの時間が必要だった。

第5節　文字と尺度と貨幣

　取引にも良い取引があれば、悪い取引もある。取引をする両者が「あり

65　黒板勝美『類聚三代格』吉川弘文館、2000、pp. 612-613。
　　819（弘仁10）年の太政官符は、750（天平勝宝３）年、808（大同３）年に、青草で刈り取り飼料に利用することを禁じる規定があったことを示している。
66　ノエル・ペリンによると、戦国時代の日本の鉄砲の水準と保有数は世界一であり、火薬の製造には碾き臼が必要であった。
　　川勝平太訳、ノエル・ペリン『鉄砲を捨てた日本人』中央公論社、1991、pp. 63-64。
　　三輪茂雄『粉』法政大学出版局、2005、pp. 146-150。

がとう」と言えれば良い取引、どちらか一方が「ありがとう」と言えなければ悪い取引となる。豊かな社会は、取引に参加する双方が発する「ありがとう」が連鎖することから生まれる。

　市場での取引を効率的におこなうには、「文字」と「尺度」と「貨幣」の三つの道具が必要だ。中国では商の時代に整ったこの三つの道具は、日本では律令制の時代にそろう。

　文字を利用することで、取引の対象となる目的物を他の品物と分けることが可能になる。我が国の最初に渡来した漢字が記された品物は、漢を前漢と後漢に分けた新（しん）（8年〜23年）で鋳造された「貨泉（かせん）」と呼ばれる貨幣であった[67]。漢字が、言葉を表象する文字として中国から渡来するのは応神天皇の頃の4世紀前半とされる。『古事記』によると、和邇吉師（わにきし）が『論語』と『千字文（せんじもん）』を伝えたとしている[68]。

　漢字ができたといわれるのが商（B.C.1384–B.C.1023）の時代[69]、我が国へは、中国での1800年の利用期間を経過してからの伝来となる。言葉の音を漢字を使って表すことで、日本語を文字として残すことができた。様々な身分の人が読んだ4,500首余り[70]の歌が『万葉集』に残されることになる。さらに、文字を共有することで、時間と場所を共有せずとも取引をすることが可能になった[71]。

　共通する「尺度」の利用も、離れた場所と異なった時間で、人々の期待を再現するようになる。共通する尺度として、親指と人差指を広げた長さから「尺」が生まれる。一尺を16cmとする物差が使われ[72]、両手で掬う（すく）量を基準として「升」[73]が定まった。お互いに同じ測定方法を使うという

67　小林芳規『図説　日本の漢字』大修館書店、1998、p. 14。

68　西宮一民校注、前掲書、1979、p 192。
　　400年頃の事柄であろう。

69　甲骨文字の元となる絵文字になると旧石器時代にまで遡る可能性もある。

70　斎藤茂吉『万葉秀歌（上）』岩波書店、1972、p. i。

71　16世紀に東洋を訪れたフランシスコ・デ・ザビエルは、中国だけでなく日本や朝鮮でも用いられる漢字について、1552年1月29日の手紙に記している。
　　河野純徳訳『聖フランシスコ・ザビエル全書簡　3』平凡社、1994、p. 220。

約束を守ることとなる。唐制に倣った大宝律令は、長さ、体積、重さを定めた。また、養老の関市令では、市場で利用される「取引用の物差し、秤、枡は毎年二月に役所の検査を受けなければならない[74]」としている。権力者の権力を後ろ盾に特定の度量衡の利用を強制することで、多くの臣民は、定められた度量衡を利用する。

　貨幣は、誰もが喜んで受取ってくれることで機能する。保存ができれば、「喜んで受取ってくれる」品物は、次の取引にも利用できる。布や穀物といった実際に使用される品物が最初に貨幣の機能を果たし、交換を媒介した[75]。市場での交換のために生産者が喜んで受取る対価は、連続する取引を前提とする一般的な交換機能を持つ品物に特化していく。

　布や穀物と共に一般的交換手段として機能を発揮したのは、権力者が報償として利用した子安貝であった。権力者の信用が付与された子安貝は、臣下の間でも交換手段として利用され、子安貝が貨幣として機能する取引が始まる。取引が旺盛になると、子安貝の交換手段としての利用が盛んになり、相応する流通量の確保が困難になる。中国の豊富な銅を駆使して銅銭が戦国時代末期から利用される。

　直接交換では、取引に参加するそれぞれが、互いに交換する品物の利用

72　尺という単位は古代中国の商（殷）の時代に定まった。中国で最も古い一尺物差は、夏の時代の象牙でできたもので、長さはおおよそ16cmである。
　　山田慶児／浅原達郎訳、中国国家計量総局主編『中国古代度量衡図集』みすず書房、1966、p. iii.

73　小泉袈裟勝『枡』法政大学出版局、1980、pp. 103-104。
　　また、『升』という字は計量のための器の象形である。
　　白川静『字統』平凡社、1994、p. 435。
　　小泉袈裟勝は、原始的な度量衡は公的なものでなく、単に民間のそれも目安的なものから始まった、としている。
　　小泉袈裟勝『度量衡の歴史』原書房、1977、p. 3。

74　會田範治『註解養老令』有信堂、1964、pp. 1208-1209。

75　ミーゼスは、「貨幣は財および役務の交換を媒介する取引財である」としている。貨幣の基本機能を一般的交換手段とし、その他の諸機能を後継的機能としている。
　　東米雄訳、ルートヴィヒ・フォン・ミーゼス『貨幣及び流通手段の理論』日本経済評論社、2002、p. 8。

者であった。異能の生計も、対価として次の交換の際に利用できる貨幣を受取ることで成り立つ。

　我が国の貨幣の利用を勧める記述は、『日本書紀』683（天武天皇12）年4月の詔に、「自今以後、必用銅銭[76]（これより必ず銅銭を用いよ）」とある。この銅銭は富本銭とされる。銅銭が広く流通するのは、大量の銅の手当が可能になる708（慶雲5）年1月の秩父での和銅の発見であった。この発見により「和銅」と年号が改元される。銀銭である和同開珎は5月に、同年7月に銅銭の和同開珎を近江国で鋳造し、8月から発行される[77]。銅銭は52年間に渡って鋳造され、発行されることになる。朝廷が発行したこれらの貨幣[78]は、都を整備するために徴用された雇役丁の賃銀の支払[79]や旅行をする者の費用の弁済として利用された[80]。「誰もが喜んで受取ってくれる」貨幣によって賃金を受取ることで、自分のためには何も生産することができない者でも、自己の生活に必要な物を市場で調達することができる。分業はさらに加速する。

第6節　交換の増加と効用の増加の関係

　増加した余剰は、より高い効用をもたらす品物と交換することで豊かな生活が実現する。部族ごとの特産品をやりとりしていた市場は、常設されることで、増加した余剰生産物を別の品物と交換することを容易にした。

76　飯田季治『日本書紀新講 下巻』明文社、1938、pp. 583-585。
77　日本銀行調査局編『図録 日本の貨幣 1』東洋経済新報社、1972、p. 135。
　　同書、pp. 166-167。
　　これ以降約250年の間に、「皇朝銭」は銅貨12種、銀貨2種、金貨1種が発行された。
78　これに対して銀銭は、たびたび使用の制限を受ける。
79　同書、pp. 195-198。
　　809（大同4）年の徭銭は50文から80文になっている。
80　直木孝次郎他訳注、藤原継縄／菅野真道等奉勅撰『続日本紀 1』平凡社、1986、p. 136。

第1章　市場の始まり——33

人と異なる才能を持つ者が、その才能によって生計が立てられるようになる。

　人と異なる才能を持つ者は、限られた部族内で物作りを始める。その作物が役立つものだと周囲の人に理解されても、変な人あるいは、せいぜい便利な人として評価される。彼は、他の人と同じ仕事を生活のためにする。その他に彼は、手慰みか、あるいは病的な創作意欲から止むに止まれずに物を作る。その作物に隣人が価値を見出しても、隣人はせいぜい「ありがとう」の言葉だけを作者に残して、その作物を手にする。「ありがとう」の言葉は空中に消え、異能の手許には何も残らない。

　いかに才能に恵まれる個人でも限られた時間の中で生きている。与えられた才能の全てを発揮することはできない。異能が生計を立てられるようになるにも長い過程が必要である。異能が作り出した品物が革新的であればあるほど、市場で流通するまでには多くの障害を乗り越えなくてはならない。新たに作り出された品物は、多くの場合「見たことがない」という理由で評価されない。従来の品物により生計を立てていた者には、その品物を評価することが生業の脅威となる。彼らは、優れた点を評価しない。些細な欠点や実績のないことを指摘するのはまだ良いほうで、多くの場合は無視をする。

　新しい品物の有用性を評価する人にも、人とは異なる能力と条件が必要だ。商人は、品物を仲介することで利益を得る。商人には、新しい品物の有用性を評価する能力が特に必要とされる。

　新たな品物の価値に気付いた少数の人が、新しい品物を手に取り、その需要者となる。品物の利用者は「ありがとう」の言葉を添えて対価を渡し、生産者も「ありがとう」の言葉と共に品物を渡す。「ありがとう」の言葉は、取引に参加する者が取引の前より良い状態になった時に交わされる。市場が効率的なのは、取引に参加する当事者双方の効用が増加する点にある。自給自足をしていた地域の人々が、境界を越えて異人と関わりを持つようになる。取引で交わされる「ありがとう」の数と共に、人々の生活が

豊かになる[81]。

　各人が創意工夫を発揮する社会で、社会的な分業は発展する[82]。社会的な分業の発達は、それぞれの生産性を高め、それぞれの生業から生ずる余剰を増加させる。自発的な交換の場である市場での取引は、自分とは異なる取引相手の才能や技術を評価し、尊重することから始まる。多種多様な能力と技術を持つ人が市場に参加し、それを評価できる人々が出会うことで、市場は活性化する。市場は能力のある者を見出す。市場ができあがることで能力のある者は、その能力により生活することが可能になる。

　ウルフは、物々交換においては、即時に決済されるがゆえに「会計記録は必要ない」としたが、そもそもこのような場合は、記録する前に会計は終了していた。他人との関係において責任が生じるのは会計責任も同じである。責任を負うべき行為が終了していれば、会計責任は生じない。人々が所有する財が僅かであったこの時代、取引は記憶されたが、記録はされなかった。記憶を継承することで、取引は反復された。

　記録としてはとらえられない「会計」が、行為としておこなわれていた。

81　アダム・スミスの『諸国民の富』の原題は *An Inquiry into the Nature and Causes of the Wealth of Nations* であり、「諸国民の富の性質とその原因についての探求」とも訳せよう。

82　アダム・スミスは、労働の生産能力の向上の原因を分業に求めている。
　　大内兵衛／松川七郎訳、アダム・スミス『諸国民の富　1』岩波書店、1985、pp. 97-105。
　　1776年に公刊された『諸国民の富』に先立つこと2000年前に、孟子（B.C.372-B.C.289）は社会的分業の重要性を指摘している。
　　小林勝人『孟子（上）』岩波書店、1972、pp. 205-210（勝文公章句上）。

第1章　市場の始まり──35

第 2 章

交換と略奪[1]

1　略　奪
2　生産者の余剰と需要者の余剰
3　市場の大きさと交換の関係
4　パイオニアの仕事と評価
5　絶対需要を有効需要に変換する
6　税率が市場に与える影響
7　効用の税率弾力性
8　減税という選択肢
9　納税者の日・子供の日
10　市場のちから

There are counter-currents of marked reluctance
to allow that any discovery or invention of
importance could have taken place outside Europe[2].

重要な発見または発明が
ヨーロッパ以外の土地でなされたとすることに
激しい抵抗を示す[3]。

ジョゼフ・ニーダム

---

1 本章の議論は、次の論文をベースにしている。
　吉田寛「減税による財政再建：市場経済を圧迫しない税率について」『千葉商大論叢』第45巻
　第2号（通巻157号）2007年9月、pp. 73-96。
2 Joseph Needham, *Science and Civilisation in China Vol. 1*, Cambridge University
　Press, 1954, p. 4.
3 砺波護訳、ジョゼフ・ニーダム『中国の科学と文明 第1巻 序編』思索社、1974、p. 4。

第1節　略　奪

　他人の成功を利用することで、我々の生活は豊かになる。他人の成果を利用するには、二通りの方法がある。一つは前章で見た「交換」であり、もう一つが一方的に他人の成果を取上げる「略奪」である。

　交換が、両者の自発的な合意によるのに対して、略奪は一方の強制による。自分のものとして作物を作った者にとって、略奪は苦痛を伴う。略奪は、人々の嫌うところとなる。交換をおこなうことで、それまで無関係だった関係、あるいは敵対していた関係は、信頼関係に変わる[4]。

　『旧約聖書』はユダヤ教徒、イスラム教徒、キリスト教徒の従うべき基準を示す。その「出エジプト記」に紀元前13世紀頃にモーセがシナイ山で受けた「十戒」の記述がある。「十戒」は、「盗んではならない」や「殺してはならない」を守るべき習慣としている[5]。

　紀元前4世紀頃に仏教を始めた釈迦の言行が記された最古の経典の一つに『スッタニパータ』がある。在家信者に守ることを求めた五つの戒めの一つに「盗んではならない」がある。この戒めは、モーセのものよりも厳格で、「他人の物だ」と認識があるのであれば、これを取ることを禁じ、さらに、これを取らせることを禁じ、人が取るのを許してはならないともしている[6]。

　古代ギリシアに生きたアリストテレス（Aristotélēs, B.C.383-B.C.322）は、

4　ハイエクは、このような関係をカタラクシー（catallaxy）と呼び、家計から派生したエコノミー（economy）に代わるべき言葉と位置づけた。
　　篠塚慎吾訳、ハイエク『法と立法と自由　2　社会主義の幻想』春秋社、1987（新版2008）、p.151。
　　F. A. Hayek, *Law, Legislation, and Liberty, Vol. 2*, pp.108-109.
5　ミルトス・ヘブライ文化研究所『出エジプト記　I』ミルトス、1993、p.187。
6　荒牧典俊他訳『スッタニパータ［釈尊のことば］』講談社、2015、p.104。

第2章　交換と略奪——39

人々にとって「最高善は幸福にほかならない[7]」とした。法を自然法と人為法の二つに分類し、「いたるところにおいて同一の妥当性を有し[8]」ているのが自然法であるとし、人為法は本来、どちらであっても差し支えないことを定めるにすぎないとしている。略奪をしてはいけない、あるいは殺してはならないという法は、戒めとして当時の宗教でも求められており、「いたるところにおいて同一の妥当性」を有し、普遍性を持つ自然法の一つである。

　13世紀に生きたイタリアの神学者トマス・アクィナス（Thomas Aquinas, 1225-74）は、神学のテキストとして『神学大全』を著す。この本のラテン語名は、"Summa Theologiae" であり、単に "Summa（スンマ）" とも呼ばれている。トマスは、人々がアリストテレスのいう「自然法」に従う理由を、独立の実在としての人が「共通の善」を目的としているためだとした[9]。

　モンテスキュー（Charles-Louis de Montesquieu, 1689-1755）は、『法の精神』の中で「自然の法」として次の4つを挙げた[10]。

　第1の法律　平和

　第2の法律　彼に身を養おうとする気を起こさせるような法律

　第3の法律　相手方に対してなす自然な願い

　第4の法律　社会生活をしようとする願望を起こさせるような法律

　モーセの「十戒」の「殺すなかれ」や、仏教の「五戒」の「生き物を殺すな」は、モンテスキューの第1の法律「平和」に相当する。「盗んではならない」は、第2、第3、第4に相当する。ヒトが相互に依存して生活するための基本であった。

　「自然の法」を、権力者の定める法に取り込むことで権力に正当性を持

7　高田三郎訳、アリストテレス『ニコマコス倫理学　上』岩波書店、1971、pp. 31-32。

8　同書、p. 194。

9　高田三郎他訳、トマス・アクィナス『神学大全　第13冊』創文社、1977、p. 5。

10　Thomas Nugent translated, Charles de Montesquieu, *The Spirit of Laws*, Hafner Press,1949, pp 3-4.

たせたのが、秦の孝公に仕えた商鞅（生年不詳 -B.C.338）であった。商鞅は、専制君主の場当り的な権力の行使を改めるべく、法を定め、その遵守を徹底した。商鞅は、殺人や略奪によって受ける刑罰を徹底し、悪人を減らす法を整備し[11]、秦は富強の国となった[12]。略奪を抑止するための刑罰の整備が、律の整備として随・唐の律令に連なる。

　我が国においては720（養老4）年に制定された養老律令の賊盗律に、略奪を抑制する律を見ることができる。53条からなる賊盗律の34条に強盗を、「凡強盗謂。以威若力而取其財（強盗とは、威もしくは力をもって財を取るをいう）[13]」と定義している。そして、強盗による損害を受けた者に対して、盗賊は盗んだ物を倍にして返すことを損害賠償の基本とし[14]、社会的な制裁として2年の懲役刑から死刑までが刑事罰として用意された[15]。他人の成果を利用するための略奪が割に合わないものとなる。

　王権を神から授けられたとする王は、神に代わって強制力を利用し、領民が「十戒」に従うようにした。私人間の略奪を法により制限しようとした権力者であったが、権力者もまた略奪者であった。

　白川静は、「正」という字を富の集中する「町に攻込む兵士達の様子」を表すとした[16]。数に頼む権力者が略奪をおこなう様が「正」の字となった。征服された町は征服者の強制に従う。征服者はまず、彼が欲する物を得る。さらに、その町から継続して貢物を得ることを好めば、町の人々は命を存える。征服者は、強制力を持つ権力者となる。

11　堀敏一は、秦の時代の律（刑法）には、罪刑法定主義が不完全ながら備わっていたとしている。
　　堀敏一「中国古代の家と戸」『紀要』第27冊、明治大学人文科学研究所、1989、p.32。
12　水沢利忠『史記（八）　列伝一　司馬遷撰』明治書院、1990、pp.201-223。
13　この規定に続いて「先強後盗。先盗後強」としている。財を盗った後に威力を用いることも強盗としている。
　　井上光貞校注『律令』岩波書店、1976、p105。
14　唐律疏議で補われた名例律にある。
　　同書、1976、p.41。
15　同書、pp.105-106。
16　白川静『字統』平凡社、1994、pp.492-493。これに対して藤堂は「まっすぐに前進すること」としている。藤堂明保『漢字語源辞典』學燈社、1965、p.464。

権力者が定めた法律であっても、良い法律は悪人を減らす。徴税以外の略奪は、非合法であり刑罰の対象であり、刑法などの略奪を取締まる法律が有効であれば、継続することはなく、繰り返されることもない。

　強制力を持つ権力者のおこなう略奪は、継続して何度も繰り返し、かつ多様な方法でおこなわれる。徴兵は、徴兵される者の未来を奪う。さらに、「十戒」が戒めた「殺してはならない」、仏教の「五戒」が求める「不殺生戒」を犯すことを強制する。悪い法律は、悪人を増やす。

　徴用は徴用される者の自由を奪う。徴用される人の今という時間を拘束する。権力者の定める規制も同じである。徴税は、徴税される者が獲得した資源を奪う。納税者が時間を費やしておこなった作業と才能の成果である財産を奪う。時間の視点から見れば、徴税される者の過去を奪う。権力者の略奪の範囲は、市民の未来・現在・過去に及ぶ。権力者による略奪が、他の略奪よりも影響が大きい理由は、合法であり、継続し、多くの場合、毎年反復される点にある。

　「苛政猛於虎也[17]」の故事が『礼記』に残る孔子は、権力者の従うべき規範を示すことで、その略奪を制限しようとした。多くの孔子の継承者のなかでも徴税を「隣の家の鶏を盗む」行為に譬える孟子には、権力者の徴税を制限する記述が多くある。例えば、梁の恵王が国を富ませるのにはどうすれば良いか、という問いに対して、「税を薄くし、刑罰を簡素に、生業をよくできるようにすれば、自ずと人々が集まり栄える[18]」と応えている。「滕文公章句下」では、減税する時期を問われた孟子が、「如知其非義、斯速已矣、何待來年（もしもそのことが正しくないことだと分ったなら、その時は、すぐやめてしまうだけだ。来年になるのを待つ必要があろうか）」と、速やかな実行を促している[19]。また税目については、関税や通行税は取るべき

17　竹内照夫『礼記』明治書院、1971、p.170。
　　二つの国の境で、舅、夫、息子が虎の餌食になったことを嘆く老婆に、孔子が「なぜそのような所に住むのか」と尋ねる。「酷い政治が及ばないからだ」と老婆が答える。
18　内野熊一郎『孟子』明治書院、1962、p.23。
　　「王如施仁政於民、省刑罰、薄税斂、深耕易耨」としている。

ではないとし、商事に関わる税としては店に課税するにとどめ、消費税の
ような取引のたびに税を課すことはすべきではないとしている[20]。税率に
ついても10％であるべきだとし、その10％も豊凶にかかわらず、数年間の
平均収穫量から課す方法（いわゆる定免法）ではなく、毎年の収穫量に対し
て定められるべき（いわゆる検見法）としている[21]。

第2節　生産者の余剰と需要者の余剰

　孟子は、中国でのあるべき税率は10％であるとした[22]。また国を富ませ
るには「その田畤を易めしめて、その税の斂を薄くすれば、民は富ましむ
べし[23]」とする。モンテスキューは、政府の収入を増やすには、「市民を
貧しくしても富を得る」方法と、「市民を富ました後に政府も富を得る」
二つの選択肢があるとした[24]。二宮尊徳の「推譲」は、後者を取るべきと
している。

　ハイエク（Friedrich August von Hayek, 1899-1992）は、1979年に著した
『法と立法と自由』において財政の主要な関心事は「最小の抵抗で最大の
金額を徴収する」ことにあると指摘した[25]。

19　同書、p. 222。
20　同書、p. 108。これに続けて店に対する課税もしないことを良しとしている。
21　同書、p. 169。
22　金谷治『孟子』朝日新聞社、1966、p. 151。
　　5％にするという提案に対しては、国の格により決まる、と退けた。
23　次の一文である。「孟子曰、易其田畤、薄其税斂、民可使富也」
　　同書、p. 451。
24　野田良之訳、モンテスキュー『法の精神（上）』岩波書店、1989、p. 389。
　　『法の精神』は、1748年にジュネーヴで出版された。
25　渡部茂訳、ハイエク『法と立法と自由　3　自由人の政治的秩序』春秋社、1988（新版 2008）、
　　p 77。
　　F. A. Hayek, *Law, Legislation and Liberty, Vol. 3*. p. 52.

人民が全体として主権を有する民主制となって、市民は税をコントロールすることが可能となった。日本国憲法の前文は、主権が国民にあることを謳い、国民に福利を提供することを政府の目的としている。政府は、国民を不幸にしたり、損失を与えるものであってはならない。政府を維持するための税制も、税収を最大化することを目的として決めるべきではない。国民の福利を最大にするという点から税率は検討されなければならない。

　民主制においては、主権者自身が豊かになり、その後を追って税収が増えていくという、モンテスキューの二つ目の選択肢を自らの手で選択することが可能になる。

　ここでは、完全競争の市場が政府の介入する市場に比べて高い効用を提供することを説明する際、しばしば利用される「余剰分析」を応用して、国民に福利を提供することが可能となる税率を検討する。

　一般的な余剰分析（グラフ１）に示した Pd の価格で始まる右下がりの直線は、需要曲線を示す。Ps から始まる右上がりの直線は、供給曲線を示す。供給曲線は、固定費＋変動費から構成される。市場に財が提供されるまでに費やされた費用を示す。

　余剰分析では、市場で得られる余剰を、消費者余剰と生産者余剰に分ける。P☆の価格が与えられている時に、Pda の価格を支払っても購入したいと表明していた需要者は Pda－P☆の余剰を得る。

　生産者にしてみれば、Psa の価格で供給できた生産物が P☆の価格で売れるので、P☆－Psa の余剰を得ることになる。均衡する価格 P☆が成立するまでの各価格での消費者余剰の大きさは、三角形☆P☆Pd で示され、生産者余剰は、三角形☆P☆Ps で示され、総余剰は三角形☆PsPd となる。総余剰を示す三角形☆PsPd は、取引に参加したすべての者が享受する余剰を示す。

　このグラフは、市場を俯瞰している。市場で取引に参加する需要者は、供給される財の価格の変化を時系列として知ることはできるが、購入しようとする品物の原価構成を知ることはできない。供給曲線の傾きや、固定

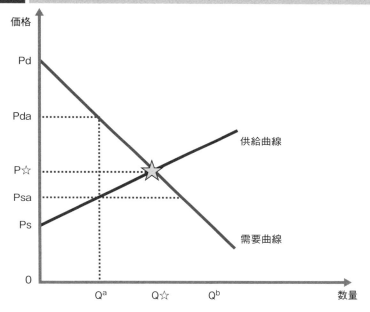

グラフ1 一般的な余剰分析

費の大きさを知ることはできない。供給する者は、需要者が価格をいくらに設定するとどれほどの量の品物を購入するかを知ることはできない。市場の参加者が、直面しているのは☆の位置であり、互いに提示された品物に対して、交換に応じるか応じないかを限られた情報の中で検討する。

第3節　市場の大きさと交換の関係

　ミーゼスは、「業績とアイデアで人類のために新しい道を開拓する」人をパイオニアと呼んだ[26]。新たに取引を始めようとする者は、グラフ1で

26　村田稔雄訳、ルートヴィヒ・フォン・ミーゼス『ヒューマン・アクション：人間行為の経済学』春秋社、2008、p. 161。

第2章　交換と略奪——45

はPsの位置にあるが、まだ需要曲線は出現していない。

　ミーゼスが、パイオニアをその後継者と峻別したのは、その新しい品物が従来のものとは違う、あるいは実績がないという理由から、「無関心、悪くすれば痛烈な皮肉・冷笑・迫害[27]」を受けるためである。パイオニアにそうした無関心や皮肉・冷笑・迫害を与える先頭に立つ人は、「業績とアイデア」の恩恵を最初に受けるべき研究者や同業者であることさえある。ともあれ、そうした業績とアイデアを評価できる者がパイオニアには必要となる。

　新たに提供された品物の市場での取引は、利用価値のない余剰となった生産物に、新たな交換価値を見出す行為である。この取引が増加する場合の、効用の増加との関係を「市場の大きさと効用の増加が創出する効用」（グラフ2）で検討する。

　今、新たに市場に投入される生産物をイモとする。この議論でイモの生産者は、リンゴの交換比率を1とする。最初に、市場にイモ2（P_2）を提供する。このイモ全てをリンゴと交換する。このイモ全てを交換に供されたリンゴと交換する。交換で両者が享受した余剰は、P_2A_20の頂点を持つ三角形の面積により表される。2（$=2 \times 2 \div 2$）の効用を獲得する。生産余剰が4（P_4）に拡大し全量を交換に充てると、その余剰はP_4A_40により示され、8（$=4 \times 4 \div 2$）となる。さらに生産能力が上がり、生産者の余剰が6（P_6）となると、交換によって得られる効用は、18（$=6 \times 6 \div 2$）となる。

　交換比率を1とする市場で取引をおこなうと、効用は取引された数量を直角二等辺三角形の直角に接する一辺とする三角形の面積として示される。交換に供する品物の量Pによって得られる品物の量AもPと示される。市場での取引で、交換した者が得る効用Uは、交換に供する品物の量をPとすれば、底辺も高さもPとする直角二等辺三角形となり、下記のように表すことができる。

27　同書、p. 161。

グラフ2	市場の大きさと効用の増加が創出する効用

交換で得るリンゴ

縦軸: A_{10}, A_8, A_6, A_4, A_2

横軸: P_2, P_4, P_6, P_8, P_{10}

交換に供するイモ

$$U = \frac{P^2}{2}$$

　ここで、当初交換に提供されていた品物の数量をPとする。交換に提供する余剰生産物が Δa 増加した時に増加する効用 ΔU は、$(\Delta a + P)$ を一辺とする直角二等辺三角形の面積から、Pを一辺とする直角二等辺三角形の面積との差として示される。

　この値は、下記のように示される。

$$\Delta U = \frac{(\Delta a + P)^2}{2} - \frac{P^2}{2} = \frac{\Delta a^2 + 2\Delta aP}{2} = \frac{\Delta a^2}{2} + \Delta aP$$

　新たに増加した交換に供する財が市場に受入れられれば、総効用は増加する。増加する効用の大きさは、市場の規模と供給される財の大きさに影

表1	市場の大きさと効用の増加					
市場の大きさ	0	2	4	6	8	10
総効用	0	2	8	18	32	50
増加した効用		2	6	10	14	18

響を受ける。新たに市場に受入れられた生産物aの増加は、その2乗の半分の増加と、その市場の大きさに Δa を乗じた量となる。

　表1（市場の大きさと効用の増加）は、交換に供する財が2ずつ増加する場合の総効用の大きさを示した。

　交換の増加は、交換がおこなわれれば、即時に効用を増加させる。限界消費性向を新たな需要の創出に乗じ、この乗数が0になるまで繰り返しおこなわれることを前提とする所得恒等式を用いる乗数効果に比べて、取引による効用の出現は、市場が大きくなるほど早いことが明らかになる。

　パイオニアは、何もないところから新たな「業績とアイデア」を創出する。パイオニアの仕事が受入れられ、他人のために生産をするようになる。社会的な分業が始まる。分業がおこなわれることで、自分では作りようもない品物と交換することができ、その余剰を交換することによって、より大きな効用が実現し、増加する。

　表1は、追従者たちがパイオニアの創造を利用することで新たに出現する市場において改良とか改善といった生産量の増加によって得る効用が、パイオニアが受取る報酬に比べて遙かに大きくなることを示している。生産物を評価する準備が市場にあれば、僅かな生産物の増加であっても、市場には、大きな効用の増加をもたらす。

　リチャード・トレヴィシック（Richard Trevithick, 1771-1833）は、1802年に蒸気機関車の特許を取得[28]する。その後の鉄道の隆盛をもたらすパイオニアであった。しかし、その生涯において、そこから収益を得ることは

28　磯田浩訳、H. W. ディキンソン『蒸気動力の歴史』平凡社、1994、p. 119。

なかった。気の毒なパイオニアであった。

第4節　パイオニアの仕事と評価

　新しい品物の最初の交換を始めようとするパイオニアは、市場に示した品物に対して「無関心、悪くすれば痛烈な皮肉・冷笑・迫害」の中で仕事を進める。パイオニアに仕事を進めさせるのは、病的な創造意欲か、その仕事の成果に対する確信となる。パイオニアは、自分のために創造を始める[29]。

　多くの人が空を飛ぶことに挑み続け、航空産業が生まれた。フランスのモンゴルフィエ兄弟（ジョゼフ，1740–1810／ジャック，1745-99）は、ルイ16世（Louis XVI, 1754–1793）の支援を受けて1783年10月15日、熱した空気で上昇する熱気球に人を乗せて空に上った。同じ年の12月1日にはジャック・シャルル（1746–1823）が、高度の調整ができる水素気球を飛ばした[30]。1851年には、蒸気機関を推進力に利用したアンリ・ジェファール（1825-1882）の飛行船が飛ぶ。

　グライダーについては、浮田幸吉（1757〔宝暦7〕–1847〔弘化7〕）が1785（天明5）年に、竹の骨組みに紙と布を張り柿渋を塗った翼を利用して滑空した記録がある[31]。これに105年遅れる1891年にはドイツのリリエンタール（1848-96）が、コウモリの羽に似せた翼をつけ、300mの滑空に成功している。

　気球やグライダーや飛行船が発明された後、内燃機関を動力とする飛行機が飛ぶ。日本には飛行機を企画する者が少なくとも二人いた。その一人、

29　村田稔雄訳、前掲書、p. 156。
30　山田真一編『発明発達の研究事典』小峰書店、1964、pp. 430-432。
31　日野龍夫校注、菅茶山『筆のすさび』岩波書店、2000、pp. 370-371。

第2章　交換と略奪——49

二宮忠八（1866〔慶応２〕-1936〔昭和11〕）は、丸亀歩兵連隊の看護卒として従軍していた1891（明治24）年、聴診器のゴム管を動力として使った「模型飛行器[32]」を作成し、滑空実験に成功する。1893（明治26）年、「玉虫型飛行器」の模型を示して、陸軍参謀長岡外史大佐と大島義昌旅団長に作成を進言したが、却下される。陸軍には飛行機を理解できる者がいないと判断し、退役して資金を調達しながら研究を続けた。二宮にとって実機を飛ばすための課題は、軽いエンジンの調達であった[33]。

　もう一人は、二宮より12年遅れて生まれた矢頭良一（1878〔明治11〕-1908〔明治41〕）である。矢頭は、1901（明治34）年に『飛学原理』を著し、井上馨から受けた6,000円、友人からの出資4,000円[34]、日本銀行総裁松尾臣善（1843〔天保14〕-1916〔大正５〕）から受けた資金援助２万円[35]と、自ら発明した自動算盤[36]の売上を資金として、飛行機のエンジンを試作する。1907（明治40）年に試作したエンジンの重量は、10貫目（37kg）で、20馬力の出力があり、１分間に３万回転であった[37]。この試作の翌年、矢頭は31歳で早世する。

　最初の飛行機が飛んだのは、1903年12月17日のことであった。オハイオ州のデートンで、自転車屋を営んでいたライト兄弟、ウィルバー・ライト

32　二宮は、「飛行機」ではなく「飛行器」と表記している。「飛行機」は森鷗外の『小倉日記』の矢頭の訪問時に聞いた言葉としての記載が初めとなる。
　　森鷗外『鷗外全集　第35巻　小倉日記』岩波書店、1971、pp. 358-359。
33　村岡正明『航空事始』東京書籍、1992、pp. 75-78。
34　米津三郎監修『豊前市史　下巻』ぎょうせい、1991、p. 1502。
35　鮎川義介『私の履歴書　経済人　9』日本経済新聞社、1980、pp. 33-34。
36　自動算盤は250円で200台販売された。
　　山田昭彦「矢頭良一の機械式卓上計算機「自働算盤」に関する調査報告」『国立科学博物館技術の系統化調査報告』第５集、2005、p. 278。
　　http://sts.kahaku.go.jp/diversity/document/system/pdf/019.pdf（2018年４月20日現在）
　　1910（明治43）年の総理大臣の年俸は12,000円、月割りにすれば月給1,000円の時代であった。
　　週刊朝日編集部『値段の明治・大正・昭和風俗史〈続続〉』朝日新聞社、1982、p. 95。
37　米津三郎監修、前掲書、p. 1503。
　　矢頭良一の父矢頭道一が、試作したエンジンについての記録を残している。この記録は、北九州文学館に収蔵されている。

（Wilbur Wright, 1867-1912）とオーヴィル・ライト（Orville Wright, 1871-1948.1.30）の兄弟が、キティーホークで12馬力のエンジンを積んだライトフライヤー号（Wright Flyer）で4回の飛行に成功する。最長の滞空時間は59秒。試験飛行は公開でおこなわれた。

　ライト兄弟が内燃機関を動力とする飛行機で有人飛行に成功したことが日本で報道されるのは、1907（明治40）年11月15日発行の雑誌「科学世界」であった。二宮がこれを知るのを村岡は、同年3月25日の「萬朝報」に掲載されたアルベルト・サントス・デュモンの飛行記事による、と推測している[38]。これにより二宮は、飛行機の開発をやめる。翌1908（明治41）年10月3日の「萬朝報」は、「一日も速やかに政府も国民も共に奮起して」飛行機を開発すべしと主張する。この記事を書いた者は、二宮忠八や矢頭良一の成果については全く知らない[39]。

　アメリカにおいても、ライト兄弟が飛行に成功したという単純な事実が一般的に認められるようになるのは、1948年12月17日のことである。45年の歳月が必要とされた。この事実を認めるための障害になっていたのは、スミソニアン博物館を運営するスミソニアン協会であった。スミソニアン協会は、1848年にイギリスの資産家ジェームズ・スミスソン（James Smithson）の$500,000の遺産の寄付を受け、設立された。この金額は、当時のアメリカの国家予算にも相当する。

　スミソニアン博物館は、アメリカ合衆国最高裁判所長官を総裁とする。ライト兄弟がライト1号機を飛ばしたのは、スミソニアン博物館会長であったサミュエル・ラングレー（Samuel Langley, 1834-1906）が1903年12月8日に5万ドルの国費を費やしたエアロドローム（Aerodrome）の飛行に失敗した直後であった。

　ラングレーの後を継いだ地質学者のチャールズ・ウォルコット

38　村岡正明、前掲書、pp.100-104。
39　明治ニュース事典編纂委員会『明治ニュース事典　8』毎日コミュニケーションズ、1986、p.670。

(Charles Walcott, 1850-1927) は、ライト兄弟の仕事を認めることなく、1914年にはグレン・カーチス（Glenn Curtiss, 1878-1930）と共謀して改造したエアロドロームを飛ばし、エアロドロームを最初の飛行機とした。

　ウォルコットの後を継いだチャールズ・アボット（Charles Abbot, 1872-1973）の代になってようやくスミソニアン博物館に、ライトフライヤー号が最初の飛行機と認められ、展示される。ウィルバー・ライトは飛行機に関わる特許裁判に疲れ、1912年に逝去。オーヴィル・ライトも1948年初めに亡くなる。この年は、英国の科学博物館に渡っていたライトフライヤー号の帰国を迎える式典がおこなわれる年だった。そこにライト兄弟の姿はなかった[40]。

　やがて大きな市場を形成する発明であっても、パイオニアはその業績を正当に評価することのできる人に恵まれなければならない。新たな市場を作り出すパイオニアが、その成果を享受するのには長命でなければならない。

第5節　絶対需要を有効需要に変換する

　ヒトが空を飛ぶという願いは、説話や物語の中で語られた。役 行 者（えんのぎょうじゃ）（634-701〔大宝元〕）が雲に乗って仙人と遊んだ、と『日本国現報善悪霊異記』に記されている[41]。629年から17年をかけてインドに渡り経典を持ち帰った玄奘法師（602-664）の旅は『西遊記』となり、従者の孫悟空は觔斗（きんと）雲（うん）に乗って飛行する[42]。9世紀に成立した『千夜一夜物語』に出てくる空

40　青木国夫『思い違いの科学史』朝日新聞社、1981、pp. 91-102。
41　原田敏明訳、景戒『日本霊異記』平凡社、1967、pp. 53-55。
　　正式名称は『日本国現報善悪霊異記』。日本最古の説話集。薬師寺の景戒が、787（延暦6）年に奈良時代の説話を中心に編纂された。

飛ぶ絨毯はマーケットで売っていた[43]。

「あればいいなあ」という願いをアダム・スミス（Adam Smith, 1723-1790）は「絶対需要」（absolute demand）と呼び、人々が喜んでその対価を支払って求める需要を「有効需要」（effective demand）と呼んでいる[44]。パイオニアは、人々の願いでしかなかった絶対需要を有効需要とし、その効用を享受するのを可能にする。パイオニアは市場に提供されていない「あればいいなあ」を創造する。パイオニアの創造が実を結び、空想の世界でしかなかったものが手の届くものとなる。始めの段階で実際に手が届くものは少ない。生まれたばかりの創造された物の市場は極めて小さく、その成果を評価できる者も少ない。

パイオニアの成果を引継ぎ、多くの人がパイオニアの成果を享受できるようにするのが生産者である。生産者は、より多くの供給を可能にする製造過程の改善により、製品の単価を下げる。生産に携わる労働者への賃金の支払いによって、労働者も製品の需要者となる。より多くの資源が市場で取引される。パイオニアと生産者が、絶対需要を有効需要に転換する経済主体となる。

昨今、ライト兄弟の発明した飛行機が飛び交い、GPS を利用する自動操縦の発展と高性能のドローンの普及が著しい。ヒトが気ままに空を飛ぶという願いを叶える乗用ドローンが店先に並ぶのも遠くはない。空を飛ぶという絶対需要は、有効需要に転換する過程にある。

絶対需要を有効需要へ転換する過程の障害となる経済主体を、19世紀のフランスの経済学者フレデリック・バスティア（Frédéric Bastiat, 1801-50）が、『見えるものと見えないもの（*That Which Is Seen, And That Which Is*

---

42 『西遊記』は、宋の時代に創作が開始され、明の時代に成立した。『西遊記』では玄奘三蔵は、下界の人間であるために雲に乗れないとしている。
　　小野忍訳、呉承恩『西遊記 3』岩波書店、1980、p. 48。
43 豊島與志雄他訳『千一夜物語 20』岩波書店、1958、p. 128。
　　『千一夜物語』は 9 世紀にその原型ができたとされる。
44 大内兵衛／松川七郎訳、アダム・スミス『諸国民の富 1』岩波書店、1965、pp. 203-204。

第 2 章　交換と略奪──53

Not Seen)[45]』で紹介している。次のような話である。

　…新しい靴を買おうと思っていた店主がいた。その息子があやまって店のガラスを割る。息子を叱る店主に野次馬が「ガラス屋の売上になるのだから許してやれよ」という。割られたガラスを直すのに窓ガラスは買わざるをえない。ガラス屋の売上は上がる。窓が割られなければ店主は、不満なく使っていた窓と新しい靴という二つの恩恵を受けることができた。…

　バスティアは、息子がガラスを割り、購入を諦めた新しい靴を「見えないもの」とした。欲しかった物の購入を諦めさせる行為は、その息子だけがするわけではない。政府は、課税や規制によって個々人の欲しいものの購入を阻害する。徴税は、絶対需要を有効需要へ変換するパイオニアや生産者の資金を税として徴収することで、直接減少させる。さらに、その成果を購入しようとする需要者に課税することで、購買力も減衰する。政府は、特定の業者の売上が増加するような規制を設けることもできる。ウーバー（Uber）の配車システムは、需要者と供給者との相対取引を可能にし、世界各地で利用されているが、日本では二種免許を必要とする規制により、利用されていない。

　民主主義を掲げる政府は、福祉政策を掲げ、税を徴収する。福祉政策を始めたばかりの時期には見るべき成果があったとしても、やがて資金は不足し、増税がおこなわれる。増税でも不足を生じると、承諾する機会のない将来世代への課税がはじまる。公債の発行である。

　市場での取引はその取引が行われた時点で、効用が増加するか否かを互いに確認する。税を財源とする政府支出の増加は、社会の富が創出される

45　Ludwig von Mises Institute訳, Frédéric Bastiat, *The Bastiat Collection*, Ludwig von Mises Institute, 2011, pp 2-4。
　英訳されたバスティアの著作はミーゼス研究所のホームページに掲載されている。
　https://mises.org/library/bastiat-collection（2019年2月3日現在）
　蔵研也が訳したものが下記に掲載されている。http://libertarian.up.seesaa.net/image/B8ABA4A8A4EBA4E2A4CEA4C8B8BABA4A8A4CAA4A4A4E2A4CE20(1).pdf（2019年2月3日現在）

市場での「ありがとう」が発せられる機会を奪う。主権者に福利を提供すべき政府が、主権者を不幸にし、損失を与えることが見えるようになれば、主権者は、選挙を通じてそのような行為の回避を指示することができる。政府の課税という行為が個々人の取引を制限することで与えるマイナスの影響を、次節において見えるようにする。

第6節　税率が市場に与える影響

　交換に供するイモが P_{10} あり、これをリンゴと交換する。略奪がない状態での交換するリンゴが A_{10} であると、この取引から生じる効用は、三角形 $0P_{10}A_{10}$ の面積により示され、総効用は50となる（グラフ2）。

　この状態で、交換で得たリンゴの20％が略奪される場合の効用を検討する（グラフ3）。

　私有財産制が、自治や警察により確保されていれば、権力者以外の者による略奪は偶発的に発生する。その損害はほとんど考慮しないで済む。ところが、強制力を持つ権力者のおこなう略奪は、継続して何度も繰り返しおこなわれ、かつ多様な方法でおこなわれる。徴税もその一つとなる。市場に参加する者は、略奪の影響を考慮して取引をおこなう。

　交換により手に入れたリンゴの20％が略奪されると、交換から生じる余剰は $P_{10}A_80$ からなる三角形の面積40に減少する。ミーゼスは、効用を「不安感の除去との因果関係を意味するにすぎない[46]」と定義した。交換により得た効用は10減少したが、略奪により受けた不効用も考慮しなければならない。ここで、交換によって得た一つの財から生じる効用と、一つの財が略奪されて失われる不効用の大きさが同じとする。略奪による不効

46　村田稔雄訳、前掲書、p. 137。

第2章　交換と略奪──55

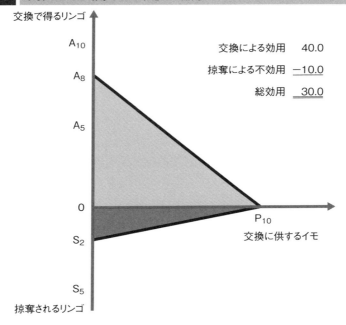

グラフ3　取引の20％が略奪される市場での効用

用は、第4象限の三角形の面積として示される。20％が略奪された時の不効用は、三角形$0P_{10}S_2$となり、その面積は10となる。この条件下で交換によって得た効用は、交換による40と略奪による不効用10を合計した30となる。

さらに交換で得たリンゴの50％が略奪される場合の効用を検討する（グラフ4）。交換により手に入れたリンゴの50％が略奪されると、交換から生じる余剰は$0P_{10}A_5$からなる三角形の面積25に減少する。不効用は、三角形$0P_{10}S_5$となり、その面積は25となる。交換によって得た効用25と合計すると総効用は0となる。

市場で交換しても、50％が略奪されると取引から効用は生じない。「はたらけど　はたらけど猶わが生活楽にならざり　ぢっと手を見る[47]」という状態となる。

グラフ4　取引の50％が略奪される市場での効用

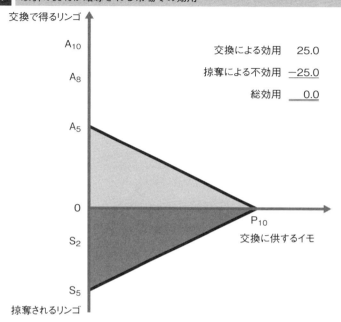

　良い法律が整備されていれば、略奪は排除される。合法的に継続して略奪を続けることができるのは徴税となる。

　課税のない市場で50の効用を得ていた者が、課税により交換した財のt％を失う場合、交換により得た１財から得る効用と、課税により１財を失う不効用を同値とした場合の税率ｔと総効用Ｕの関係は次式によって表される。

$$U = -100t + 50$$

　この式で示される曲線を「効用・税率曲線」（グラフ５）と呼ぶ。

　このグラフから明らかなように、税率50％を超えると効用はマイナスとなる。税率が50％を超えると生産は苦痛となり、生産をしても生産者には

47　石川啄木『一握の砂』。
　　http://www.aozora.gr.jp/cards/000153/files/816_15786.html（2017年５月24日現在）

| グラフ5 | 効用税率曲線　税収曲線　ラッファー曲線 |

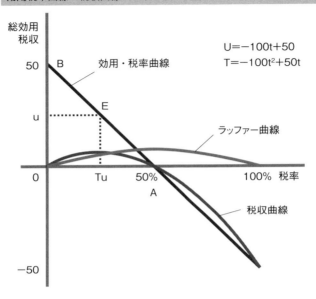

苦痛だけが残る。生産を放棄することになる。ミーゼスが、「市場の内外において強奪や略奪があるならば、生産者は生産しても無益と思われると、ついには生産的な仕事をやめる[48]」と指摘した状態になる。

　福利[49]を提供する政府は、税率50％を超えてはならない。国民負担率が50％を超えると、政府は国民に利益を提供するのではなく、損失を与えることになる。納税者が、過去に蓄えた資本が減り始める。

　税率と税収の関係をアーサー・ラッファー（Arthur Laffer, 1940-）は、「ラッファー曲線」（グラフ5）により示した。この曲線は、「減税すれば国民はみんな一生懸命働き、より多く生産する」と、2003年のブッシュ政権

48　村田稔雄、前掲書、p. 687。
49　憲法前文に次のようにある。「国政は、国民の厳粛な信託によるものであつて、その権威は国民に由来し、その権力は国民の代表者がこれを行使し、その福利は国民がこれを享受する。」国民が享受するのは福利であり、税を扱う者は、国民を不幸にしていないか、国民に損害を与えていないかを省みなければならない。

の投資減税の拠り所となった。

　ラッファー曲線は、税率０％から100％までの間には、課税ベースの小さい税率と、課税ベースの大きい低い税率で、税収が同じになる税率がつねに二つあるとした[50]。しかし効用・税率曲線は、税収が同じになる税率が税率０％から50％までの間にあることを示し、50％以上になると、国民は窮乏化することを示している。

　あるべき税率を、孔子[51]や孟子[52]は10％を良しとした。では、何％であれば適当なのか、次に検討する。

第7節　効用の税率弾力性

　主権者に税をコントロールする地位があるにしても、知識も情報も時間も、移動できる空間も限定されているので、その与えることができる影響は限定的なものとなる。「弾力性分析」は、税をコントロールする主権者が直面している状況下で、税率を変化させた時、どのような影響を効用に対して与えるのかを示している。

　ここでは、先に求めた効用・税率曲線として $U=-100t+50$ を利用す

50　課税に際してラッファーは、次の事項を配慮すべしとしている。
　　1. 課税により課税対象を手に入れることは困難になる。減税すると、多くを手に入れることができる。
　　2. 良い税制は、金持ちを貧乏にせず、貧しい人を金持ちにする。
　　3. 高い税率ほど経済に悪影響を与え、税率の引下げの恩恵も大きい。
　　4. ラッファーカーブが示すように、高すぎる税率は、税収の減少につながることがある。
　　5. 効率的な税制度は、課税ベースが大きく、税率は低い。
　　6. 個人も企業も資本家も、低い税率を選好する。
　　Arthur B. Laffer, *The End of Prosperity*, Threshold Editions, 2008, pp. 32-34.
　　下記は本書の訳書である。
　　村井章子訳、アーサー・ラッファー他『増税が国を滅ぼす』日経BP社、2009、pp. 50-53.
51　金谷治訳注『論語』岩波書店、1999、p. 233。
52　金谷治『孟子』朝日新聞社、1966、p. 151。

第2章　交換と略奪——59

る。効用の「税率弾力性」（Utility elasticity of tax-rate）は、税率が1％減少した時、効用が何％増加するかを表す。

　この定義から効用の税率弾力性 Eut は、次の式で示される。効用・税率曲線上の (t, u) の時点において $\varDelta$t は変化した税率を示し、$\varDelta$u は変化した効用量を示す。

$$Eut = \frac{\dfrac{\varDelta u}{u}}{\dfrac{\varDelta t}{t}} = \frac{\varDelta u}{\varDelta t}\ \frac{t}{u}$$

　この式の帰結を、グラフ5の横軸の税率50％の点をAとし、縦軸50の点をBとする。任意の税率 Tu に対して求められる効用を u とし、この (Tu, u) で示される効用・税率曲線上の点をEとする。

　$\dfrac{\varDelta u}{\varDelta t}$ は、AB の傾きを示すので $\dfrac{0B}{0A}$ となり相似形であることから $\dfrac{uB}{uE}$ となる。

　$\dfrac{t}{u}$ で示される t は、Tu であり uE と同値であるから $\dfrac{uE}{0u}$ と表現される。

　これらをまとめて Eut の定義にあてはめると、次のように示される。

$$Eut = \frac{\varDelta u}{\varDelta t}\frac{t}{u} = \frac{uB}{uE} \times \frac{uE}{0u} = \frac{uB}{0u}$$

この式に効用・税率関数 U＝－100t＋50 をあてはめる。

$$Eut = \frac{uB}{0u} = \frac{50-u}{u} = 50 - \frac{(-100t+50)}{-100t+50} = \frac{100t}{-100t+50} = \frac{t}{-t+0.5}$$

となり、効用の税率弾力性 Eut は次の式となる。

$$Eut = \frac{t}{-t+0.5}$$

　この式から税率0％から100％の、10％刻みの効用の税率弾力性は表2のように求められる。効用の税率弾力性の右に総効用に税率を乗じて得た

表2	効用の税率弾力性および税収		
税率	総効用	効用の 税率弾力性	税収
0 %	50.0	0.0	0
10%	40.0	0.3	4
20%	30.0	0.7	6
25%	25.0	1.0	6.25
30%	20.0	1.5	6
40%	10.0	4.0	4
50%	0.0	∞	0
60%	−10.0	−6.0	− 6
70%	−20.0	−3.5	−14
80%	−30.0	−2.7	−24
90%	−40.0	−2.3	−36
100%	−50.0	−2.0	−50

税収を示した。効用は、交換から生じる。総効用×税率は、税収となる。総効用は U＝−100t＋50 と表されるので、税収Tは次の式により示される。

$$T = (-100t + 50)t = -100t^2 + 50t$$

　この式により示される曲線を「税収曲線」と呼ぶ（グラフ5）。

　市場に50の効用がある状態で、効用に対し10％ずつ増加した場合を示したのが表2「効用の税率弾力性および税収」である。

　税率0％の状態では、効用に対する影響はない。10％の課税がおこなわれると、弾力性は0.3であり、効用は税に対して非弾力的である。税負担が上昇すると、交換により享受する総効用は減少するが、市場での取引の増加率は小さくなるものの、減少させることはない。税の上昇に対して市場は鈍感な反応をする。税率の上昇に伴い、税収は増える。

　税率の上昇が税収の増加に結びつくのは、効用の税率弾力性が1となる税率25％までである。税率が25％であれば、税収の増加率は、効用の増加率と等しい。税の調整が、経済の発展にマイナスの影響を与えないのが税率0％から25％までの間である。この間であれば、税負担の上昇は税収

第2章　交換と略奪──61

の増加に結びつく。税率が25％を超えると、効用の税率弾力性は1を超える。税率の増加に、効用は敏感に反応する。税率の増加により、取引により生まれる効用よりも、税負担による不効用が大きいので、総効用は減少する。税負担の増加は、総効用の萎縮をもたらす。これにより税収も減少する。

　税率が25％から50％の間では、税収の増加を期待した増税策は失敗する。これに対して、減税は、効用の税弾力性が1よりも大きいので、総効用は、減税の影響を敏感に反映する。減税により総効用は増加するので、税収も増加する。税収の増加を望むのであれば，減税をすべきである。税率40％の時、税率を1下げると、効用が4増加する。税収も増加することが表2から読み取れる。税率30％の時、税率を1％下げると、効用が1.5増加する。25％の税率を超える増税は、国民の総効用を減衰させる。この状態での減税は、国民の生活を豊かにし、税収も増加させる。

　税率50％の状態での取引は、効用を増加させない。

　税率が50％を超えると、交換は効用を増加させない。納税者は、それまでの蓄えから納税をするようになる。納税者は、貧しくなり、蓄えを失っていく。経済は縮小するので、税率を高くしても税収は減っていく。

　効用の税率弾力性は、人々の豊かな暮らしを実現するためには、税率が25％を超えてはならないし、この割合で、最も税収が大きくなることを示している。

第8節　減税という選択肢

　孟子が理想とした君主は、人民を養う者であるとし、人民を害する者ではない[53]。これに対してハイエクは、税の負担について「"他の人が費用を支払うだろう"という思い込みを助長する課税方法[54]」が採用されてい

ると、その現実を示している。

スティグリッツは、ルイ14世の財務大臣であったコルベール（Jean-Baptiste Colbert, 1619–1683）の「生きているガチョウを騒がせずに、その羽をできるだけ多くむしり採ることだ[55]」という徴税の極意を紹介している。宮廷に出入りする、騒ぐとうるさい貴族や僧職には、課税されなかった。宮廷に出入りすることのない第三身分と呼ばれた平民が徴税の対象となる。専政下では徴税を受け入れるしかないとはいえ、公平で公正な徴税が平民を騒がせないための極意であった。

専制君主の為す強制を正当として、その地位はある。その強制を利用しておこなう略奪が、「臣民を貧しくしても」おこなうのか、「臣民を豊かにした後[56]」におこなうのかは、専制君主の意思と気まぐれに依存していた。

米国第35代大統領（1961–64）ケネディ（John F. Kennedy）は、1962年12月14日にニューヨーク経済クラブにおいて次のスピーチをおこなっている。

「皮肉にも高すぎる税率により税収の不足が生じている。歳入を増やす最も健全な方法は長期的には今減税することである。今減税することの目的は予算の赤字をもたらすためではない。より一層の繁栄を達成して経済を拡大し、予算を黒字にすることである[57]」。

このケネディ大統領の減税案に、共和党は反対したが、民主党が賛成したことで実現した。この結果、1962年には5,678億ドルであったGDPは1964年には12%増加し6,415億ドルとなり、1962年には997億ドルであった

---

53 「君子不以其所以養人者害人（君子はその人を養う所以のものを以て人を損なわず）」の一文である。
　　金谷治、前掲書、pp. 64–65。
54 渡部茂訳、前掲書、p. 77。
　　F. A. Hayek, op.cit., p. 52.
55 Joseph E. Stiglitz, *Economics of the Public Sector*, W. W. Norton & Co. Inc., 2000, p. 467.
56 モンテスキュー『法の精神（上）』野田良之訳、岩波書店、1989、p. 389。
　　モンテスキューは、また消費税について「商品に対する税は、人民が感ずることの最も少ない税である。この税は人民がそれを支払うことにほとんど気付かないほど巧妙に管理することができる」と論評している。

税収も12％増加し1,126億ドルとなっている[58]。

ケネディ大統領に先駆けて、減税により財政を再建したのが米国第30代大統領（1923-29）のカルビン・クーリッジ（Calvin Coolidge, 1872-1929）であり、その財務長官（1921-32）を務めたアンドリュー・メロン（Andrew William Mellon, 1855-1937）であった。クーリッジは、1925年3月4日の大統領就任演説で「必要以上の税を集めることは、合法的強盗である」とし、「税制改革と財政支出の削減」を約束した[59]。

彼らは、1921 年に税率の引下げをおこなった。高収入の人の追加的な所得に73％の税率を課していたのを翌年には58％に削減する。1925 年には25％まで、さらに引下げる。低所得層についても1921 年の4％から1925 年までに1.5％に下げている[60]。また、法人の資本金に対する課税は廃止し、遺産税については税率を20％とし、その後も全面的に廃止する努力をメロン長官は続けた[61]。

1921年には89百万ドルであった名目 GDP は、1929年には104百万ドルになる[62]。田舎町にも電気が通じ、冷蔵庫、蓄音機、電気アイロン、電気

57　次のように記録されている。
It is a paradoxical truth that tax rates are too high today and tax revenues are too low and the soundest way to raise the revenues in the long run is to cut the rates now. The purpose of cutting taxes now is not to incur a budget deficit, but to achieve the more prosperous, expanding economy which can bring a budget surplus.
全文は次にある。
http://www.americanrhetoric.com/speeches/jfkeconomicclubaddress.html （2016年8月7日現在）

58　http://www.presidency.ucsb.edu/data/budget.php （2017年3月13日現在）

59　http://www.presidency.ucsb.edu/ws/documents/inaugural-address-50 （2019年5月2日現在）

60　マーク・J. シェフナー他訳、ロバート・P. マーフィ『学校で教えない大恐慌：ニューディール』大学教育出版、2015、p. 85。

61　吹春寛一訳、マーガレット・G. マイヤーズ『アメリカ金融史』日本図書センター、1979、p. 359。
所得税の引下げと税率表の簡素化は次のフーバー政権でも継続された。

62　http://www.presidency.ucsb.edu/data/budget.php （2017年3月13日現在）

扇風機、電気照明、トースター、掃除機といった家電製品が行き渡り、ラジオや自動車を所有するのが普通の生活になる。この間、メロン長官は財政黒字を維持し続け、1920年に240億ドルであった政府債務を1930年には160億ドルまで圧縮する[63]。減税をおこなって、国民を富ませ、財政を黒字にした（p.168の表5参照）。

　日本の減税による財政再建は、ケネディ大統領のスピーチの1642年前にある。仁徳天皇は即位して4年目の春、3年間全ての税を免除した[64]。仁徳天皇は、眼下の家々の竈から炊飯の煙が上がらないことに、その決意をした。税を免除したからといって蓄えがあってのことではない、皇居の補修も儘ならず天井からの雨漏りを器で受けたり、その場所を避けたりした。食事は腐るまで食し、捨てなかったという。そして3年後に、「高き屋に登りて見れば煙たつ民の竈は賑わひにけり[65]」とうたっている。この時に皇后に語ったのは「朕、既に富めり」であった。仁徳天皇の免税は、仁徳天皇10年まで6年間続いた。

　行政が福利を提供したことは、時間的な変化として把握される。昨日に比べて今の状態が望ましいものになる。これが「良くなる」ということであり、今日の状態が昨日よりも望ましくない状態になっていれば、「悪くなる」ということになる。

　国民主権と憲法にうたわれても、国民が主権を行使する機会である選挙は、解散がなければ衆議院は4年ごと、参議院は3年ごとの半数改選の時期になる。毎年報告される財政状態が代表者を選ぶのに有効であったとしても、国民が代表者を選任する機会は、1年ごとにあるのではない。行政の成果を単年度で計るのは、国民の意思の反映とは整合性がない。

63　マーク・J. シェフナー訳、前掲書、p.87。

64　西宮一民校注『古事記』新潮社、1979、pp.205-206。
　　小島憲之『日本書紀 2』小学館、1998、pp.31-36。

65　田中裕／赤瀬伸吾校注『新古今和歌集』岩波書店、1992、p.209。
　　『日本書紀』の巻第十一の仁徳天皇の一代記にこの故事が記されている。その後、仁徳天皇は、河内平野の治水工事や田畑の開拓をしている。

政府は、単年度で予算を組むが、1960（昭和35）年の池田勇人内閣の「国民所得倍増計画」を実現するために策定された全国総合開発計画は、10年間の基本的方針を示している[66]。また、平成27年に策定された国土形成計画（全国計画）も、「今後概ね10年間における国土形成に関する基本的な方針、目標及び全国的な見地から必要である基本的な施策を明らかにする[67]」ことを目的としている。

　公共投資を中心とする政府支出が10年間を計画期間として作成されるのであれば、その評価も10年を単位として評価されなければならない。表（表3　国民負担率と国民所得）は、財務省が発表する「国民負担率（対国民所得費比）の推移[68]」を元に表記した年度までの10年間の「国民負担率」と「潜在的な国民負担率」の平均を、対応する10年間の国民所得の平均値と対応させたものである。

　「国民負担率」は、国民所得に対する国税と地方税、さらに社会保障の合計額の比率である。「潜在的な国民負担率」は、国税と地方税、さらに社会保障に財政赤字を加えて求められる政府支出の、国民所得に対する比率である。

　政府支出の有効性を把握するために、実際の支出額を国民所得と対比した「潜在的な国民負担率」と比較する。

　1965（昭和40）年までの10年間の「潜在的な国民負担率」は23％であった。この数値は、先に求めた効用の税率弾力性が1以下であり、市場が機能する税率であった。この時期の成長率は438％と経済は大きく発展した。1985（昭和60）年以降の「潜在的な国民負担率」は40％を超え、経済発展

66　『全国総合開発計画　昭和37年　閣議決定』まえがき、国土交通省の下記に掲載されている。
　　http://www.mlit.go.jp/common/001116825.pdf（2016年6月21日現在）
67　『国土形成計画（全国計画）　平成27年8月』p.8。
　　国土交通省の下記に掲載されている。
　　http://www.mlit.go.jp/common/001100233.pdf（2016年6月21日現在）
68　財務省『国民負担率の推移（対国民所得比）』より。
　　https://www.mof.go.jp/budget/topics/futanritsu/sy2802n.pdf（2016年6月21日現在）

表3	国民負担率と国民所得				
西暦	和暦	国民負担率	潜在的な国民負担率	国民所得[69]（兆円）	対前10年成長率
1965年度	昭和40年度	23%	23%	16	N/A
1975年度	昭和50年度	25%	27%	70	438%
1985年度	昭和60年度	31%	38%	202	289%
1995年度	平成7年度	37%	41%	336	166%
2005年度	平成17年度	37%	46%	371	110%
2015年度	平成27年度	40%	50%	361	97%

は足踏み状態にあり、2015（平成27）年を終期とする10年となると「潜在的な国民負担率」は、50％となっている。

効用の税率弾力性 Eut が25％を超える税率は、効用の成長を鈍化させ、50％を超えると成長を止める。そのことは前節で示した通りである。25％を超える政府支出の増加は、国民所得の成長を鈍化させる。潜在的な国民負担率が50％を超えると、国民所得はさらに縮小することになる。

第9節　納税者の日・子供の日

2016（平成28）年において我が国には、24の国税と26を越える地方税がある[70]。それぞれの納税者が、すべての税目に関わるわけではない。市民革命により納税者は主権者となり、「税をコントロールする[71]」地位を得

69　内閣府の国民経済計算のデータを利用した。
　　http://www.esri.cao.go.jp/jp/sna/data/data_list/kakuhou/files/h26/h26_kaku_top.html（2016年6月21日現在）
70　総務省の租税体系より。
　　http://www.soumu.go.jp/main_content/000377155.pdf（2016年5月22日現在）
　　法定外の税を設ける都道府県、市町村ではさらに多くなる。
　　2007（平成19）年の国税は18、地方税は24であった。
　　吉田寛『環境会計の理論』東洋経済新報社、2011、p. 78。

た。多くの税目は、主権者として税に精通することを困難にする。

　雇用されている人は、その所得から源泉徴収を受け、事業主が税額の調整を年末調整によりおこなうので、税負担を認識する機会はほとんどない。自己が支払う税額よりも、年末調整で還付される税額にむしろその関心はある。事業主は、消費税、法人税、事業税等の申告と納税を担うが、その関心はその時の納税を小さくすることにある。多数の税目と複雑な税制により、納税者は自ら設定すべき、本来あるべき税制を考えることを諦める。

　合理的な会計情報がなければ、合理的な意思決定はできない。統治形態が専政制から民主制になることで、あるべき徴税の極意も変化する。市民に痛税感を与えない税制度が良いのではない。民主制においては納税者が税をコントロールする。税制度は、納税者がコントロールしやすいことが求められる。

　植民地の同意なしに次々と課税をする英国に対して、独立を宣言した米国では、徴税の状況を市民に分かりやすく伝えるという活動は早くからおこなわれていた。あるべき税制を考えるきっかけとするために、「Tax Freedom Day（納税から自由になる日）」を、1948年から Dallas Hostetler 氏が算定し、現在は Tax Fundation が計算している。政府支出に着目した「Cost of Government Day（政府支出の日）」は、Americans for Tax Reform（ATR）が算定し、開示している。

　日本では自由経済研究所が、財務省の発表した『国民負担率（対国民所得比）の推移』に基づいて、平成14年から「Tax Freedom Day」に相当する「納税者の日」と「Cost of Government Day」に相当する「子供の日」を算定している。

　「納税者の日」は、平均的な日本人が税を払うために、元旦から何月何

71　フランス議会の会議録によるとラビィの言葉として紹介されている。
　　"Nous n'avons fait la Révolution que pour être les maîtres de l'impôt."
　　François Furet, *Dictionnaire Critique de la Révolution Française*, Flammarion, 1988. p. 594.

日まで働かなければならないかを示す。また、「子供の日」は、政府支出を当該年の税により負担するとなると、何月何日まで働かなければならないかを示す。「子供にツケをまわさない日」を短くしたのものである。「納税者の日」と「子供の日」の間隔が大きいほど先送りされる金額も大きくなる。

憲法は、国政が提供する福利を国民がこれを享受するとしているが、福利が提供されたかどうかは収入支出の決算によって把握できるものではない。福利の「福」は「しあわせ」であり、「利」は「利益」を意味する。第3代米国大統領（1801–09）トーマス・ジェファーソン（Thomas Jefferson, 1743-1826）は、最初の就任演説で、政府は「賢明でつつましい政府[72]」であるべき、とした。政府が「賢明でつつまし」ければ、少なくとも国民を不幸にしたり、損失を与えることは、避けなければならない。

憲法に規定されているからといって、政府が福利を提供していることが保障されるわけではない。最初は人の言うことを聞いて、そのおこないを信じていた孔子も、そのおこないを観た後にこれを信ずるべきだとした[73]。

前節で示した10年平均の「国民負担率」と「潜在的な国民負担率」を「納税者の日」と「子供の日」として10年ごとの推移を示したのが次表（表4）である。

昭和40年は、好況に沸いたオリンピックの景気の煽りを受けて、不景気となる。戦後初の赤字国債を発行。10年を平均すると、その発行額2,000億円は、「納税者の日」と「子供の日」を分けるほどの影響はなかった。

72　第1回就任演説の次の文言である。
　　"A wise and frugal Government, which shall restrain men from injuring one another, shall leave them otherwise free to regulate their own pursuits of industry and improvement, and shall not take from the mouth of labor the bread it has earned. This is the sum of good government"
　　ThomasJefferson,first inaugural adderss.Washington DC, March,4 1801.
　　http://avalon.law.yale.edu/19th_century/jefinau1.asp（2016年7月12日現在）
73　次の文章である。「今吾於人也、聴其言而観其行、於予輿改是」
　　金谷治訳注『論語』岩波書店、1999、pp. 90–91。
　　約束を並べたマニフェストも、その結果により評価しなければならない。

表4	納税者の日と子供の日（10年平均）			
年度	納税者の日	国民負担率	子供の日	潜在的な国民負担率
昭和40年	3月24日	23%	3月24日	23%
昭和50年	4月1日	25%	4月7日	27%
昭和60年	4月23日	31%	5月21日	38%
平成7年	5月15日	37%	5月29日	41%
平成17年	5月14日	37%	6月17日	46%
平成27年	5月28日	40%	7月2日	50%

　昭和40年の「納税者の日」は3月24日、平成27年は5月28日となっており、平均的な国民は、納税のために働く日が2ヶ月分も増えている。

　他方、昭和40年の「子供の日」は3月24日、平成27年は7月2日で、政府は私たちが納めた税金では足りず、さらに子供たちから私たちの1ヶ月分強の稼ぎを前借りしている。50年間の間に税負担は1.7倍になり、政府支出は2倍になっている。

　「賢明でつつましい政府」を目指したトーマス・ジェファーソンは、人々が傷つけられることなく、個人の勤勉さや成長に規制がなく、労働者の得たパンを奪うことをしないことが良い政府として必要だとした。

　略奪をおこなう者がいなくても生産には支障がない。生産者がいなければ、略奪はできない。取引は、取引に参加する両者の効用を増進するのに対して、略奪は、略奪をする者のみの効用を増大させる。

　略奪された生産者は、略奪された品物を作るための時間と労力、そしてその財を利用することで得る利益を失う。一度略奪された者は、その経験を計算に入れて行動する。略奪した者にも略奪された場所にも、近づかなくなる。新たな取引の場と新たな取引先を探す。略奪の横行する地域での取引は減少し、その地域の人々の生活は貧困に向かう。生産者が、新たな取引の場と新たな取引先を探し見つけ出すことができなければ、取引のための生産を止める。略奪が横行することで、社会的な分業も社会から略奪されていく[74]。

第40代大統領（1981-89）ロナルド・レーガン（Ronald Wilson Reagan, 1911-2004）は、その就任演説で「政府に問題の解決を求めてはいけない。政府が問題だからだ[75]」と指摘した。

我が国の政府は、昭和40年から政府支出は拡大を続けてきた。しかしその成果は、市場での取引を反映して国民所得の伸びを鈍化させ、マイナスに転じさせた。

会計は、能力のある者を見出す。税を扱う能力を持つ者を見出す会計が、日本にも必要である。

第10節　市場のちから

モンテスキューは、1748年に著した『法の精神』で政府の収入を増やす時期として「市民を貧しくしても富を得る」時期と、「市民を富ました後に政府も富を得る」という二つの時期を示した

1842（天保13）年に二宮尊徳は、相馬藩の家老であった草野正辰との会話のなかで、「暗君は取ることを先にし、国衰え、民は窮乏し、やがて国家は滅亡する」とし、「聖人の政は取ることを先にせず、これにより国は栄える」と述べた[76]。

民主制下の主権者は、二つの側面で主権を行使する。一つは、自分で金

74　ミーゼスは、このような場合、市場は次のように対応するとしている。「殺人と強盗が頻発するようになって、生産しても無益と思われると、ついには生産的な仕事がやみ、人類は万人の万人に対する戦いの状況に突入するようになるであろう」。
　　村田稔雄訳、前掲書、p. 687。
75　原文では "In this present crisis, government is not the solution to our problem, government is the problem." となっている。
　　http://www.presidency.ucsb.edu/ws/?pid=43130（2016年8月7日現在）
76　富田高慶『報徳記 第六』宮内省、1885、p. 31。
　　下記の国立国会図書館のデジタルアーカイブより。
　　http://dl.ndl.go.jp/info:ndljp/pid/758948（2017年9月19日現在）

を稼いだ所得を自分で使うか、政府に使わせるかの側面である。専政制の時代において、「取ることを先にせず」とは、民の手許に生産物を残すことであった。民は、奪われなかった生産物を市場において交換する。消費者は、専制下においても市場の主権者であった。民は、取引において相手に提供することで失う効用と、相手から得る品物で得る効用とを比較する。会計をおこなう。取引が成立すれば、両者の効用は増加する。ミーゼスは「自由な市民は自分の生き方を選べる立場にある[77]」とした。消費者は、自由に購入する。

　幼児や児童は、その小遣いを渡した親が思いもよらないものに使う。子供たちも、自由な意思決定とその結果を失敗しながら学んでいく。我々も、日々の取引により享受する効用を計る会計をおこなっているからこそ、よりよい生活を手にしていく。市場で取引がおこなわれ、取引のつど会計がおこなわれ、誤りは修正されていく。

　社会的に分業が進み、他人の成果を利用することなしに、生活をすることは困難になった。民主制下の主権者が、主権を行使するもう一つの側面は、社会が必要とすることを誰に任せるかという選択をする側面である。

　政府支出の増加は、納税者の私有財産を侵食する。税負担が25％を超えると働き甲斐は失せ、50％を超えると蓄えを蚕食し、人々は窮乏化への道をたどる。市場において主権をもつ消費者は、会計により良い成果を選択してきた。政府のおこなう施策について、その成果を知らされることなく、その目的が受入れられれば税金が投入された。人々が受入れやすい目的を掲げて税金を投入しても、成果が伴わなければ、税の投入は取りやめなければならない。支出は、成果をともなって費用となり、成果がなければ損失となる。

　民主制下の主権者は、税を委ねる者を選ぶことで、取りやめるという選択をおこなうことができる。市場での取引では、毎回会計がおこなわれる

77　村田稔雄訳、L. v. ミーゼス『自由への決断』自由経済研究所、2014、p. 12。
　　ミーゼスは、自由を「誤りを犯す自由である」ともしている。

のに対して、政府支出にはその成果を評価する会計をおこなってこなかった。税を預ける者に適材を得ることはできない。成果を伴わない施策を見つけ出すには、市場で取引のたびにおこなわれるのと同様に、会計が必要となる。適材を見出す会計をおこなうことで、「賢明でつつましい政府」を実現することが可能になる。政府の仕事にも会計が必要な理由はここにある。

仁徳天皇の免税は、臣民が自己の成果を自ら利用することを可能にした。満足に食べることができなかった人々が、3年後にはそれが叶うようになる。毎回の取引が、臣民を豊かにしていった。

カルビン・クーリッジの減税も、自分で稼いだ金を自分で使うことを可能にした。時代を同じくしたエジソンやフォードといったパイオニアの成果の利便性に人々が気がつく。電気製品や自動車が市場の規模を拡大し、ちょっとした改善が需要者にも生産者にも大きな効用を提供した。

減税を実現したリーダーは、あるべき税がどのように導出されるかは知らなかったが、減税の効果を見通すことはできた。減税をすることで、市民の富を増やし、その結果、税収の増加につながる。

第3章

会計なければ分業なし

1 　貨幣の出現と分業の拡大

2 　商圏と信用取引の拡大

3 　他人を主語とする記録

4 　国王に踏み倒された最初の会社

5 　不埒な国王の会計記録

6 　家計と家業の分離

7 　資本と経営の分離　1 　配当が経営者の能力を語る

8 　資本と経営の分離　2 　利益が経営者の能力を語る

9 　約束から導かれる会計原則

10　経営者の能力を取引する

In all the other great fields of inquiry,
the necessity of generalization is universally admitted,
and noble efforts are being made to rise from particular facts
in order to discover the laws by which those facts are governed.

どのような分野の探求においても
一般化の必要は広く認められ、
特定の事象の間に成立する法則を見つけだす
貴重な努力が積み重ねられてきた。

ヘンリー・トマス・バックル[1]

---

1 Henry Thomas Buckle, *History of Civilization in England*, Hearst's International Library, 1913, p. 3.

第1節　貨幣の出現と分業の拡大

　初めは、日常生活の片手間で製作していた農具、食器、織布も、より良い物を作るとなると、製作者のほとんどの時間が費やされることになる。それぞれの品物の製作に長けた職工がそれぞれの工夫を重ねることで、人々はより良い品物を手にすることができる。

　布を織る者、衣を縫う者、絹の冠を作る者、煮炊きに使う釜や甑（こしき）、農耕のための鋤鍬を作る者がいて、農業をおこなう者は粟との交換によりこれらを手にすることができると、孟子は分業の効用を説いた[2]。

　取引される品物が多様化することで、市場の魅力は増加するが、同時に互いに品物を直接交換する形態では、提供しようとする品物が相手の望む品物ではないという不都合が生じる[3]。この不都合を解決するのが貨幣であった。次の取引でも対価として受取られることで貨幣は機能する。誰もが喜んで受取ってくれる品物が、貨幣として機能し始めると、取引はより盛んにおこなわれるようになる。

　次の取引での利用のために誰もが喜んで受取る貨幣により、取引は円滑におこなわれる。牧羊の文明にあっては、家畜が最初の通貨となった[4]。商の時代の中国で布や穀物とともに貨幣として機能を発揮したのは、権力者が報賞として利用した子安貝であった。

　貨幣を利用することで、交換の機会は増える。将来の交換を前提として貨幣を受取る。次の交換でも喜んで受取ってくれるという貨幣への信用が求められた。刃物として利用できるという機能を貨幣自体に持たせた布弊（ふへい）

2　金谷治訳注『論語』岩波書店、1999、pp. 160-161。
3　アダム・スミスは、豊かな金銀を有していたペルーにおいて、それを貨幣として利用していないために分業が進んでいない、と指摘している。
　　大内兵衛／松川七郎訳、アダム・スミス『諸国民の富　2』岩波書店、1965、p. 127。
4　大内兵衛／松川七郎訳、アダム・スミス『諸国民の富　1』岩波書店、1959、p. 134。

や刀弊といった鋳造貨幣、あるいは、信仰の対象や権力者の肖像を打刻した貨幣も利用された。

　ヴァイキング[5]は、795年にスカンジナヴィアから来襲し、スコットランドのアイオナの修道院を略奪する[6]。イングランド、アイルランド、フランスで捕獲した奴隷をスウェーデンのビルカ、ゴットランドの奴隷市場に運び、ヴォルガ河、カスピ海を経由してウズベキスタンのタシュケント辺りでアラビアの銀貨と交換していた[7]。略奪者として語られるヴァイキングも貨幣を利用していた。

　貨幣の利用とともに、共通する度量衡[8]や言葉を使うことで、時間や場所の制限を超えて取引をおこなうことが可能となる。言葉を文字として記録することで、異なる地域と、異なる時期に取引をおこなうことが可能になる。

第2節　商圏と信用取引の拡大

　取引は、他人の成果を利用する。イタリアの都市国家は、取引を盛んにすることでヨーロッパの復興の先駆けとなった。イタリア商人は、それぞれの都市国家で貨幣を発行した。フィレンツェのフィオリーノ金貨、ヴェニスのデュカット金貨[9]、ミラノ公が支配したキオス島で鋳造したゼッキーノ金貨、シチリア公国のビエリアル銀貨、ジェノヴァのデナロ銀貨とい

5　大塚久雄他編『西洋経済史講座〈第1〉封建制の経済的基礎：封建制から資本主義への移行』岩波書店、1960、p. 270。

6　鶴島博和日本語版監修、ポール・ラングフォード『オックスフォード ブリテン諸島の歴史』慶應義塾大学出版会、2009、pp. 140-143。

7　荒正人『ヴァイキング：世界史を変えた海の戦士』中央公論社、1968、p. 124。

8　中国では最も古い象牙でできたおおよそ16cm の「一尺物差」は夏の時代のものであった。山田慶児／浅原達郎訳、中国国家計量総局主編『中国古代度量衡図集』みすず書房、1966、p. iii。

った多様な貨幣[10]が鋳造され、利用された。貨幣の信頼性は、互いに牽制しあうことで維持された。

　貨幣の流通は、現金決済だけでなく、信用取引の機会も増加させた。1096年、十字軍の遠征は、陸に囲まれた海、地中海での交易に勤しんでいたイタリア商人の商圏を広げた。フィレンツェ、ジェノヴァ、ピサ、ヴェニスなど商業都市の商人は聖地に向かうキリスト教徒のため、様々な商品を調達し輸送し販売し、騎士や諸侯には遠征のために資金の貸付をおこなった[11]。北西ヨーロッパに戻った騎士や諸侯から貸付金を回収するために、ヴェニスの商人を初めとするイタリア商人は、その居住する地域に赴く。イタリア商人は、回収のために長期間、北ヨーロッパに逗留する。これにより債務者の住む土地の特産を知る。法顕がヒマラヤ山脈を迂回して仏教思想を中国にもたらしたのと同じように、イタリア商人はアルプス山脈を迂回し、北ヨーロッパとの品物の流通を盛んにする。

　フランスの北東部に広がるシャンパーニュ平原の17の諸都市において、12世紀から13世紀にかけてシャンパーニュの大市と呼ばれる大規模な市が開かれていた。ラニュイ＝シュル・マルヌ（Lagny-Sur Marne）では１月、バール＝シュ＝ローブ（Bar-sur-Aube）では３月、プロヴァン（Provins）では５月と９月、トロワ（Troyes）では６月と10月に市が開かれた。１回の市は６週間にわたって開かれたので、ほぼ１年間を通してこの地域で市が開かれていた[12]。

　この辺りは、ドイツ、フランス、イタリア三国の中立地帯であり、フラ

9　デュカット金貨は、1248年に鋳造を開始し、1545年までその標準の重量と品位は維持された。
　　清水廣一郎訳、ウィリアム・H．マクニール『ヴェネツィア：東西ヨーロッパのかなめ1081-1797』講談社、2013、p. 395。

10　平石国雄『世界コイン図鑑』日本専門図書出版株式会社、2002、p. 18。

11　青木康征『海の道と東西の出会い』山川出版社、1998、p. 5。
　　アダム・スミスはこの状況を「破壊的狂乱がこれらの共和国の富裕の一源泉になった」としている。
　　大内兵衛／松川七郎訳、アダム・スミス『諸国民の富　2』岩波書店、1969、p. 467。

12　岩井清治『西ヨーロッパ貿易風土論』白桃書房、1986、p. 197。

第3章　会計なければ分業なし──79

ンスから半ば独立した伯領であった[13]。自由市と呼ばれるこの市では、い
かなる課税も規制もされなかった。市場での取引が円滑におこなわれるよ
うに、2名の守護官が任命され、40人の公証人と100人の巡邏兵が配置さ
れた。守護官の仕事は、交易者間の争いを裁定することであり、市場で取
引される品物が真っ当なものであることを検査することだった[14]。

　公証人は、取引記録の証拠能力を確保するためにイタリアの都市国家で
利用された。債権の回収は、商売により生計を立てるイタリア商人間では
共通する不安であり、その解決のために第三者としての公証人の力が利用
された。商業取引の万般に公証人が関わり、取引に関わる証書の散逸や改
竄を回避した[15]。

　シャンパーニュの市でもイタリアの商人は取引をおこなう。オランダ南
部からベルギー西部、フランス北部にかけてのフランドル地方の毛織物が
上質であることを見出し、これを仕入れ[16]、イングランドからは羊毛を仕
入れる[17]。ヴァイキングの住む北海・バルト海地域からの毛皮、木材、ろ
う、鰊、穀物も交易の対象となった[18]。ヨーロッパでは作ることができな
いインドで栽培された良質の綿糸、製法が秘密にされていた中国で作られ
た絹糸[19]や金銀細工、香辛料が取引された。

　シャンパーニュの大市は、「全ヨーロッパの金融市場」でもあった。取
引量はさらに拡大する[20]。貨物は馬に乗せて運ばれたが、当時の道路は3
頭の馬が並んで通れれば広いほうで、冬期や雨天の際には通行が全く困難

13　高村象平『西洋経済史』有斐閣、1954、p. 131。

14　中村勝訳、コルネリウス・ウォルフォード『市の社会史』そしえて、1984、p. 244-246。
　　本書は、1883年に刊行された以下の邦訳である。
　　Cornelius Walford, *Fairs, Past & Present*, Elliot Stock, 1883.

15　清水廣一郎『中世イタリアの都市と商人』洋泉社、1989、pp. 118-121。
　　11世紀のジェノヴァでは、多種多様な商品の取引に関わる契約書を公証人が作成し保管する登
　　記簿に記載された。同書9、p. 125。

16　岩井清治、前掲書、pp. 197-200。

17　清水廣一郎『中世イタリア商人の世界』平凡社、1982、p. 38。

18　岩井清治、前掲書、p. 198。

19　水谷真成訳注、玄奘『大唐西域記（3）』平凡社、1999、pp. 439-440。

となった。馬車の転覆の際に土地に触れたものは封建領主に没収され、盗賊騎士や外国人による略奪が横行した[21]。

交通の安全が確保できないこの時代、回収した現金を輸送するのに比べれば、品物を運ぶほうが危険性は低い。商人が集まり取引がおこなわれれば、対価の支払いは、現金によるのではなく、相殺によることが好まれる。決済は、取引量の多い商人に依頼し、為替が利用されるようになる。資金は銀行に預けられ、為替業務は銀行の重要な業務となる。高い計算能力と記帳能力により、イタリアの商人[22]はその活動範囲を広げ、他国の銀行経営も担うようになる。

第3節 　他人を主語とする記録

銀行業務を可能にしたのは、人名勘定（じんめいかんじょう）であった。1211年には、フィレンツェの銀行で人名勘定が利用されていた[23]。自己の記録に他人を主語とする人名勘定が記録される。人名勘定は、科目名に記載された人が、会計主体に対して金を貸したのか、借りたのか、返済したのかを記載する。取引の相手方の立場になって記録がおこなわれる。資金の貸し借りにより、返済を求める権利を有する者と、返済の義務を負う者が生じる。約束は定められた時間が経過した後に履行される。

特定の資源の増減を記録する単式簿記では、特定の資源以外の増減の記

20　大量にとはいえ、取引される商品は、領主や僅かな上流市民が購入者で、その総量は、1,250t
　　程度であった。
　　高村象平『西洋経済史』有斐閣、1954、p.135。

21　同書、p.132。

22　シャンパーニュの大市では、ジェノヴァの商人が銀行業務を担当していた。
　　中村勝訳、前掲書、p.22。

23　「綴込帳簿（とじこみ）」に記された人名勘定に、貸付記録と返済記録が残っている。
　　井上清『ヨーロッパ会計史』森山書店、1968、pp.12-13。

第3章　会計なければ分業なし——81

録は残らない。取引を目的と結果に分け、これを同一の貨幣額で評価して記録する複式簿記[24]ならば、その結果が判明するまでの経過を記録することができる。

　取引の結果を記録する複式簿記では、貸付けた資金が約束通り回収できたか、回収できずに損失となったかが明らかになる。人名勘定を冠した元帳により、人名勘定の主語となった人の評価をすることを可能にする。記録された資金の回収の可能性や貸倒れの見込を予測することができれば、そこから生じる損失を小さくすることもできるようになる。

　増加する貸付の回収を確実にするために、正確性と信頼性を備えた複式簿記が取引記録として採用される。と同時に、公証人に関わる費用の削減も可能となる。取引を記録するのは、公証人に仕事を与えることが目的ではなく、利益を獲得することであり、債権債務の決済が約束通りに実行されることが目的だからだ。この需要に応えたのが、商売に携わる人々の教育であった。

　中世のヨーロッパの人々のほとんどが文盲であったこの時代[25]に、イタリアの商業都市に住む人々は、読み書きができた。9万の人が暮らしていた13世紀末フィレンツェでは、5歳くらいから子どもを私塾に通わせ、読み書きを習わせた[26]。読み書きを習っていた8,000人から1万人という男の子と女の子の数は、フィレンツェのほとんどの子どもが読み書きを習っていたことになる。さらに、6つあった私塾で、1,000人から1,200人の男の子が、ソロバンと算術を習っていた[27]。イタリアの商人は、読み書きのできる使用人を雇うことができた。

　「受取った品物の対価は後で払います」という約束、あるいは「借りた

24　井尻雄士教授は、複式簿記の本質を、「主体財産の増分と減分の因果関係で把握する」として、「因果的複式簿記」と呼んでいる。しかし、人の行為としておこなわれる取引は、「目的」をもっておこなわれるのだから、「原因」の「因」とするよりも「目的」とすべきである。
　　井尻雄士『会計測定の基礎：数学的・経済学的探求』東洋経済新報社、1968、pp. 141-143。

25　岡崎次郎訳、ゾンバルト『近世資本主義』生活社、1942、pp. 433-434。

26　清水廣一郎『中世イタリア商人の世界』平凡社、1982、p. 19。

82

お金は後で返します」という約束を履行する責任は、他人との関係において発生する。貨幣と文字を利用することで、取引の当事者が将来履行する約束を記録することが可能になる。記録をすることで、失われていく記憶を補う。

　商業帳簿の記録方法が整備されるに至って、商業帳簿の証拠としての価値が高まる。すべての帳簿を手書きで作成しなければならなかったこの時代において「インクが染みついた指（ink-stained fingers[28]）」は、信用に値する勤勉な商人の証であった。

第4節　国王に踏み倒された最初の会社

　ペルッツィ会社（the Peruzzi Company）は、フィレンツェの同族会社であった。1300年5月に、同族以外からの資本も受け入れ、会社の構造を大きく変える。ペルッツィ（Peruzzi）の氏を持つ7名の正社員と、その他10名の正社員に、慈善のための Charity　Company 1名[29]を加えた18名の正社員により、総額124,000リラ（リラ・ア・フィオリーニ）を資本金として設立される。『年代記』を著したジョヴァンニ・ヴィッラーニ（Giovanni

---

27　同書、pp. 22-27。
　　日本では、店の本店がある伊勢や近江などで採用された10歳くらいの丁稚に、年長者が、仕事が終わってから読み書き算盤・業務一般・販売・接客・仕入を学び、金銀の鑑定・商品の鑑別、店内で使われる符牒を教えていた。
　　江頭恒治『近江商人　中井家の研究』雄山閣、1965、p. 849。
　　Edwin S. Hunt, *The Medieval Super-companies: A Study of the Peruzzi Company of Florence*, Cambridge University Press, 1994, p. 105.
28　池上俊一／徳橋曜訳、レオン・バッティスタ・アルベルティ『家族論』講談社、2010、p. 312。
　　アルベルティは、15世紀においても商人の被る損失の原因のほとんどが経営者の不適格によるとしている。
29　教会への寄進、その他の慈善活動に用いられた。高利貸しを禁じた教会への免罪符としても機能した。

Villani, 生年不詳 –1348）も、ペルッツィ家以外の出資者の 1 人であった。ヴィッラーニは2,000リラを出資し、自らもベルギーのブルッツ（Bruges）に駐在している[30]。ペルッツィ会社は、家計と家業が分離した最初の会社であった[31]。

　1335年のペルッツィ会社は、ナポリ、シシリー、アヴィニョン、ロンドン、ブルッツ、パリの 6 支店に正社員を、バルレッタ、シプラス、ロードス島、サルディーニャ、チュニス、マジョルカ、ヴェニス、ピサに従業員を責任者として配置し、コンスタンチノーブル、アレクサンドリア、ラクーザ、バルセロナには派出所（agency）を置いていた。ペルッツィ会社は、ヨーロッパと地中海での商品の売買（general commerce）、銀行業務（banking）、毛織物や毛皮、革製品の製造業（manufacturing）をおこなっていた[32]。

　ヨーロッパの銀行業の中心となっていたフィレンツェでは、ペルッツィ家の他に、バルディ家、及びアッキアジョリ家が、銀行業の先駆者となり、ヨーロッパ中の商人と君主が、その顧客であった。

　銀行がおこなう不定期預金を貸出しに利用することは、信用不安の要因となる。ペルッツィ会社は、1340年、バルディ商社（Bardi company）と共同でイングランド王エドワード三世（Edward Ⅲ, 1312-77）に150万フローリンを貸付ける。当時、200万フローリンのフローリン金貨が流通していた[33]。「王国の価値」にも匹敵する150万フローリンは、ペルッツィ会社からの60万フローリン、バルディ商社からの90万フローリン[34]から構成されていた。これらの資金は、フィレンツェ市民や外国人の出資や預け入れ

30　Edwin S. Hunt, op.cit, p. 128.
　　ブルッツ（Bruges）は、シャンパーニュの大市と北海・バルト海地域を中継していた。岩井清治、前掲書、p. 198。

31　ibid, p. 128.

32　ibid, p. 79.

33　遠藤利国訳、クリストファー・ヒバート『メディチ家の盛衰（上）』東洋書林、2000 、p. 31。

34　Edwin S. Hunt, op.cit, p. 1.

た預金が原資となっていた[35]。

　現在の金の金額を基準にすると、1フローリン金貨には3.456gの金が含まれていた[36]ので、17,000円程度の価値となる。エドワード三世は255億円を借りたことになる。貸付けた資金の返済がなければ、貸付金は略奪となる。貸付けた相手が国王であっても、返済がなければ、それは貸付ではなく、国王の略奪となる。顧客に対する売掛金の回収であっても、その回収を拒まれると、顧客は略奪者となる。貸した金の取立ては、容易なことではない。特に権力者に貸した金となると、なおさら困難となる。ペルッツィ会社は、1341年に信用不安に巻き込まれ[37]、イギリス国王エドワード三世に対する貸付が回収できず、1343年に破産[38]する。

　「会」って「計」るべき対象は、資金を貸付けた取引先が約束通りに、返済するという約束を守る能力であり、資金を借入れた場合には、期日通りに返済をすることであった。

35　蔵研也訳、ヘスース・ウエルタ・デ・ソト『通貨・銀行信用・経済循環』春秋社、2015、pp. 47-48。

36　遠藤利国訳、前掲書、p. 31。
　　なお、クリストファー・ヒバートは、1フローリンを2000年の20英ポンドに相当するとしている。2000年当時、1STG＝171.83JPY なので、この換算によると、1フローリンは3,436円となる。この金額で換算すると、エドワード三世の借入金額は51億54百万円となる。
　　リトルトンは、1952年の『リトルトン会計発達史』で、この金額を400万ドルと換算している。片野一郎訳、A. C. リトルトン『リトルトン会計発達史』同文舘出版、1952、p. 32。

37　蔵研也訳、前掲書、p. 48。
　　大塚久雄は、エドワード三世の支払い停止によりペルッツィ会社は、倒産したとしている。
　　大塚久雄他編『西洋経済史講座〈第3〉 封建制から資本主義への移行』岩波書店、1960、p. 230。

38　Edwin S. Hun, op.cit, p. 229.
　　なおバルディ商社は、1346年に破産している。
　　清水廣一郎『中世イタリア商人の世界』平凡社、1982、p. 137。

第5節　不埒な国王の会計記録

　ペルッツィ会社が、エドワード三世に200円の金を貸したとして、その一連の取引をパチオリに倣って検討する。

　当時、会計記録として最初に作成されるのが「日記帳」であった。パチオリは商人に「取引量にかかわりなく、時刻順に大小すべての取引を記録する[39]」ことを求めている。契約書を作るだけでなく、契約に至った経緯も事細かに日記帳に記録する。

　この日記帳の記録により、主人や会計担当者が不在でも訪れた得意先に品物を売り、仕入先からの商品を受取ることができた。パチオリは、主人がその記入をするとしているが、不在の場合はその代理人か補助者、または女たちがこれをおこなうべきだともしていた。

　次の事柄が、日記帳に記載される。

　　取引　1　エドワード三世に金200円を貸付ける。

　　取引　2　エドワード三世が上記貸付金の内30円の返済をおこなう。

　　取引　3　エドワード三世が代物弁済として徴税権100円を譲渡する。

　　取引　4　エドワード三世が残金の返済を「お断り」をする。

　取引3の代物弁済は特定の資源ではない。特定の資源を現金としていれば単式簿記では記録されない取引である。イギリスで議会の承認を受けた国債が発行されるまで、課税権の譲渡は国王などの権力者に対する債権回収の方法として多用された[40]。そして、課税権を持った商人は、徴税請負人[41]と呼ばれ、人々の憎悪の対象ともなった。

39　本田耕一訳、パチョリ『パチョリ簿記論』現代書館、1975、p. 72。

40　富田俊基『国債の歴史』東洋経済新報社、2006、p. 57。

取引4のような権力者が本来負っている債務を帳消しにする行為は、洋の東西を問わず、横行している。

　使用人が遺漏のないように取引の仔細を記録した日記帳[42]を元に、会計の知識のある主人や補助者が、仕訳帳や元帳を作成する[43]。

　上記の記録から仕訳を起こすと以下のようになる。

仕訳帳

NO.	摘要	借方		貸方	
1	エドワード三世に金を貸す	エドワード三世	200	現金	200
2	返済を受ける	現金	30	エドワード三世	30
3	徴税権を受取る	未収金	100	エドワード三世	100
4	「お断り」される	貸倒損失	70	エドワード三世	70

　複式簿記は、取引を目的と結果に分け、これを同一の貨幣額で評価して記録する。エドワード三世との取引を、この定義により説明すると次のようになる。

　　取引　1　エドワード三世からの返済の約束を交わし、回収を目的と
　　　　　　するエドワード三世（貸付金）200円が生じ、この結果、現
　　　　　　金200円が減少する。
　　取引　2　エドワード三世から上記貸付金の回収を目的として、30円
　　　　　　を受取り、この結果、現金30円が増加する。

41　質量保存の法則や酸素に名前を付けたフランスの化学者ラヴォアジエ（Antoine-Laurent de Lavoisier, 1743-95）は貴族ではあったが、1768年に「人民の血を吸う蛭」と罵られる徴税請負人の職に就いている。
　　小山慶太『道楽科学者列伝』中央公論社、1997、p. 82。
42　本田耕一訳、前掲書、p. 73。
　　パチオリは、この帳面を「控え帳」、「日計帳」とも称している。
43　同書、p. 71。
　　パチオリは、日計帳、仕訳帳、元帳を「主要三帳簿」としている。

第3章　会計なければ分業なし──87

取引　3　エドワード三世から上記貸付金の内100円の回収を目的として徴税権100円を譲り受ける。これにより未収金100円が生じ、この結果、貸付金が100円減少する。

取引　4　エドワード三世の残金の返済の「お断り」を目的とする行為により貸倒損失70円が発生し、この結果、エドワード三世への貸付金70円が減少する。

人名勘定は、仕訳を元帳に転記することで、取引先との債権債務の関係を明らかにする。エドワード三世の元帳は次のようになる。

エドワード三世元帳					
NO.	摘要	相手勘定	借方	貸方	残高
1	エドワード三世に金を貸す	現金	200		200
2	エドワード三世より返済	現金		30	170
3	エドワード三世より徴税権を受取る	未収金		100	70
4	エドワード三世より「お断り」される	貸倒損失		70	0

人名勘定では、エドワード三世を主語として取引が記載される。

取引　1　エドワード三世は現金200円を借入により調達する。

取引　2　エドワード三世は借入金30円を返済する、

取引　3　エドワード三世は借入金の返済に代えて、徴税権100円を譲渡する。

取引　4　エドワード三世は借入金残金70円を踏み倒す。

会計帳簿が整い、証拠として利用されるようになる。継続してその記録様式が利用されることにより記録自体の信用が高まり、14世紀中には公証人が取引に対して信用を付与する機会は少なくなった[44]。

我が国の会計記録も、室町時代にはすでにその証拠能力は認められていた。パチオリに遅れること28年、1520（永正17）年の集古文書に収められた掟には、土倉と呼ばれた質屋が作成する土倉帳が、訴訟の際の証拠となることを示している[45]。

　江戸時代になると、大店（おおだな）と呼ばれる商家では、丁稚奉公の期間に商業教育をおこない、見込みのある者は手代としてさらに10年間の奉公をする。彼の作成する会計帳簿のうち取引先から確認の押印を受ける金銀受取帳、荷物渡帳、質台帳には、強い証拠力があり、また、店うちで作成する当座帳や売上帳も空行や余白がなく、「売あるいは買を一切附込んだ帳面[46]」には最も効力があるとされた。

　それでもイタリアと同様、権力者は、大名が商人から借りた金を「お断り」と称し、踏み倒している。三井家を興した三井高利（1622〔元和8〕-94〔元禄7〕）の孫にあたる三井高房（1684〔天和4〕-1748〔寛延元〕）は、『町人考見録』で、特に細川家を多くの商人から借金を踏み倒したとして「不埒（ふらち）」と記している[47]。また、江戸末期に北前船で活躍した加賀藩の銭屋五兵衛（1774〔安永2〕-1852〔嘉永5〕）も1843（天保14）年に弘前藩に貸付けた3,500両のうち1,500両を債権放棄し、残り2,000両は15年の年賦としている[48]。銭屋五兵衛は、冤罪で死刑となり、銭屋家も「家名断絶」「家財欠所（ぜにやごへえ）[49]」となるので、弘前藩から完済を受けることはできなかった。

44　清水廣一郎『中世イタリアの都市と商人』洋泉社、1989、p. 125。
　　この記述に対して亀長は、15世紀のジェノヴァで海上交易を利用した商品売買請負契約に公証人が関与した資料を示している。
　　亀長洋子『中世ジェノヴァ商人の「家」』刀水書房、2001、pp. 174-181。
45　河原一夫『江戸時代の帳合法』ぎょうせい、1977、p. 350。
46　大阪市『大阪市史　第5巻』清文堂、1965、p. 480。
　　本書は1911（明治44）年発行のものの復刻版で、1882（明治15）年に当時の商業上の慣習をまとめた『商事慣習問目並報答書案』が収められている。
　　また、白木屋では、年6回の掛け取りの際には、顧客の手許の通帳を回収し店の控えとの突合により、店の請求に齟齬のないことを確認していた。
　　油井宏子著『江戸奉公人の心得帖』新潮社、2007、pp. 60-62。
47　赤堀又次郎編『徳川時代商業叢書　第一』名著刊行会、1965、p. 179。
48　木越隆三『銭屋五兵衛と北前船の時代』北國新聞、2001、p. 100。

貨幣が流通し、商品の受渡しが決済に先行するようになると、商品の受渡だけでなく、貨幣を貸付けたり借入れることが可能となる。貸付から利益を得るためには、高い金利を要求するだけでなく、貸付けた資金の返済が重要となる。家計と家業が未分離の段階で、会計記録が果たすべき役割は、取引先の信用管理であった。1300年代のペルッツィ会社においても、江戸時代の商店でも、会計記録に必要とされるのは、取引先との債権債務を監視するための記録だった。

　貸付の金額が大きくなるほど、会計記録を作成する必要性は高まる。人名勘定は、取引の相手先を主語とする帳面に記録することで、今後の取引をおこなうに足る者なのか、あるいは取引を縮小していくべき者なのかの判断を容易にした。

第6節　家計と家業の分離

　イタリア商人の事業の場所的拡大と量的拡大が、家族経営から、能力ある他人も経営に加えるという事業の人的拡大をもたらす。一緒にパンを食べる仲間というのが compānion（共同経営者）である。そのような人たちの集まりが company（会社）となる。

　ペルッツィ会社は、家計と家業の分離により、家族だけでなく能力ある他人も共同経営者として迎えることができるようになる。適材を得なければ、事業の拡大はない。一族の中では見出すことができない有能な人物を共同経営者として迎えることが可能になる。共同経営者は、事業において無限責任を負い、報酬は給料ではなく、利益の配当として受取る[50]。社員は、出資した割合により利益の分配に与り、損失が出れば、その割合によ

49　同書、p. 216。

50　篠田綾子訳、イリス・オリーゴ『プラートの商人』白水社、1997、p. 133。

りこれを負担した[51]。もっとも、家業であるがために、その経営の責任者
は、家長が務めた。

　出資者もそれぞれ仕事を分担する。経営に携わっているのであるから、
当該会社の財政状態も経営成績も互いによく知るところとなる。会社の債
務に関して無限責任を負う不在出資者（Silent Partner）も、経営者（Ac-
tive Partner）の経営に無関心ではいられない。ペルッツィ会社の帳簿につ
いては、その複式簿記の手法が不完全であったともされるが[52]、家計と家
業の分離がようやくなされたこの時代において、ペルッツィ会社の経営者
にとって重要なのは取引先との関係を示す人名勘定の記録の信頼性であっ
た。1341年に起こった信用不安によりフィレンツェの主だった銀行は、
1346年までに破綻する。1347年から2年間続いたペストの流行はヨーロッ
パの人口を半分にした[53]。この人口減少により一人あたりの通貨の量が、
信用危機以前の状態に戻り、通貨の機能が回復し[54]、銀行業もその機能を
回復する。

　ペルッツィ会社やバルディ商社に代わってメディチ会社が、フィレンツ
ェを本拠として、ヨーロッパ各地に支店を置いていた。メディチ家は創業
当初から会社形式を採用していた。1397年の創業時の資本金のうち5,500
フローリンをジョヴァンニ・デ・メディチ（1360-1429）、2,000フローリン
をネデット・デ・バルディが負担している[55]。

　家計と家業を分離した会社契約は、他人の才能や財産を家業に利用する
ようになる。有能な共同経営者を事業に迎えることで、イタリアの商人の

51　Edwin S. Hunt, op.cit., p. 76.
52　Hunt はこの点を次のように記している。
　　"A careful analysis of the surviving Peruzzi books by and large confirms these
　　conclusions, but whether or not the system qualified completely as double entry
　　is of little significance and was certainly unimportant to the Peruzzi Company's
　　owner-managers."
　　Edwin S. Hunt, op.cit., p. 104.
53　波多野公介『朝日＝タイムズ世界史地図』朝日新聞社、1979、p. 142。
54　蔵研也訳、ウエルタ・デ・ソト『通貨・銀行信用・経済循環』春秋社、2015、p. 48。
55　藤沢道郎『メディチ家はなぜ栄えたか』講談社、2001、p. 118。

商圏は拡大し、その拡大した商圏を維持することができた。

　家計からは分離したが、家業を営む会社であるがために、出資者は経営者を選ぶことはできなかった。メディチ家も家長が家業を経営し、創業者ジョヴァンニ・デ・メディチ、その息子のコジモ・デ・メディチ[56]（1389-1464）、その息子のピエロ・ディ・コジモ・デ・メディチ（1416-69）、その息子のロレンツォ・デ・メディチ（1449-92）、その息子のピエロ・ディ・ロレンツォ・デ・メディチ（1472-1503）、その弟のジョヴァンニ・デ・メディチ（1475-1521）と続いていく。

　家業の長は創業者一族から選ばれた[57]。家長によって選ばれた各支店の長に裁量権はあったが、その選任や解任といった重要事項はすべてメディチ家の当主が握っていた。「会」って功績を「計る」べき対象は、取引先との信用だけでなく、家業に迎え入れ、経営の一端を任せた共同経営者にも拡大した。しかし、家長である経営者は、功績を「計る」対象ではなかった。

　メディチ家に最盛期をもたらしたジョヴァンニ・デ・メディチの曾孫ピエロ・ディ・ロレンツォ・デ・メディチが亡くなった２年後[58]の1494年に、パチオリが『スンマ』を著した。ヴェニスにおいて慣習となった複式簿記を『スンマ』に残すことで、その記録方法を時代と空間を超えて継承することが可能となった[59]。『スンマ』には、仕事を任せた者についての記帳法が、出張をおこなう短期の場合と、支店の管理を任せた場合と、会社に出資をした場合について記されている。

56　コジモは、バルディ家の娘コンテッシーナと結婚している。
　　中島浩郎『図説 メディチ家』河出書房新社、2000、pp. 32-33。

57　同書、pp. 14-15。

58　イギリス国王エドワード四世の債務不履行が、メディチ家凋落の原因の一つだった。
　　石川通達監訳、エドウィン・グリーン『図説 銀行の歴史』原書房、1994、p. 24。

59　パチオリに36年先立つ1458年の８月25日にベネデット・コトラグリ（Benedetto Cotrugli）がすでに複式簿記についての最初の本を残している。もっとも、この本が出版されるのは1573年になってからである。
　　Peragallo, Edward, *Origin and Evolution of Double Entry Bookkeeping*, American Institute Publishing Co., 1938, p. 53.

1494年当時の旅程は、多くの日数を必要とした。ヴェニスからリヨンまでは12日、ロンドンまでは27日、イスタンブールまでは37日を要した[60]。現代では、クラウド上のファイルに複数人が同時にアクセスして記帳することで、時間や場所に関わることなく最新のデータを入力できる。この当時は、仕事を任された者が、それぞれが帳簿を作成し記入することが求められた。

　仕事を任された者がすべき記帳法を、『スンマ』は次のように記している。

出張の場合

　出張による営業成績を明瞭にするために、まず、出張用の仕訳帳と元帳を用意する。最初に現金勘定と持参する全商品と、これに対応する資本勘定[61]を開設する。そして、出張中、商品の売買・交易をおこなったら、相応の人名と商品、現金、出張中の資金、出張取引からの損益を記入し、本店に帰った時にこれを合算する、としている[62]。

　出張を命じられた者の成果は、出発の際に記録された資本勘定の残高と、帰任した時の資本勘定の差額として把握することができる。

60　波多野公介、前掲書、p. 144。
　　この日数は、為替に形式を借りた貸付の期間となった。
　　北代美和子訳、ティム・パークス『メディチ・マネー』白水社、2007、p. 51。
61　マクニールは、海外との貿易事業は通常会社を設立しておこなわれるとし、出資者間の権利関係を次のように紹介している。「会社設立時の資本の3分の2は、無機能出資者（Silent Partner）により、残りは機能出資者（Active Partner）が負担した。後者は資本を元に用意した商品を携えて他国へ渡り、各地で取引をおこなう。帰国すると、行商中におこなったすべての「取引の計算書と旅行およびその他の支出の記録」を30日以内に提出することが、法的に義務づけられていた。それから彼らは、事業の収益を平等に分けたのである」。パチオリが「資本」としているのは、この権利関係を反映している。
　　清水廣一郎訳、ウィリアム・H. マクニール、『ヴェネツィア：東西ヨーロッパのかなめ 1081-1797』講談社、2013、pp. 45-46。
62　本田耕一訳、前掲書、pp. 140-141。

支店の管理を任せた場合

　本店の基本帳簿とは別に、支店の帳簿を用意して記帳し、支店を一人の人物と見做して処理することを勧めている。このことは、支店からは、本店も一人の人物と見做して処理することを意味している。パチオリは、「支店勘定の推移によって支店が健全経営か、経営不振か、あなたがどうするべきか、どう経営するべきかを知ることができる」としている。記入にあたっては、本店においても支店の管理者の承諾なしにおこなうべきではないとしている。また、支店の備品については目録を備えることを求めている[63]。

　支店の利益が計算されると、支店の利益は支店勘定の増加として記録される。支店の経営を委ねられた者の成果がこの勘定に反映される。

出資をする場合

　家計と家業の分離した会社についての記録の方法が記されている。会社のすべての記録は、家計とは別に、また自己の経営する事業の帳簿とも別に、組合の帳簿として作成すべしとしている。会社の帳簿の最初のページには日付とともに、会社の詳細と特に次の事柄を記載するとしている[64]。

　　1．会社の存続期間
　　2．その管理人のおこなう機能
　　3．管理等のできる店員
　　4．会社員の出資額

63　同書、pp. 130-131。
64　本田は compagnia を「組合」としている。本稿では「会社」とした。
　　同書、pp. 122-126。
　　手書きの帳簿は、それぞれが独立して記録され、保管されていた。最初のページにこれらの基本情報を記載することで、帳簿の管理が容易になる。債権者債務者の取引条件を記載しておくことで組合としての記録を、他の証憑を参照せずに記録できる。

5．現金出資か、商品出資か、債権などの出資かの区別

　6．債務者または債権者

　資本を委ねられた者の成果は、出資を受けた際に記録された資本勘定の残高と、経営の結果が反映された時点の資本勘定の差額として把握することができる。

　商取引は、「儲ける」という目的を持った行為である。行為には、結果を伴う。複式簿記は、取引行為の目的と結果を記録する。家長の経営の及ばない地域で能力を発揮することを期待して、出張や、支店の開設を役員や従業員に委ねる。出資の場合は、他人に営業行為を委ねる。経営の範囲が分離するのであるから、会計主体の取引行為を記録する帳簿も家長の帳簿から分離し独立する。

　『スンマ』では、残高試算表の作成方法までが記されている[65]。損益勘定で計算された利益は資本勘定に振替えるべし、としている。出資者は、出資した資金の推移をその人名勘定により知りえた。家計と家業が分離した段階では、経営者、すなわち家長を他の出資者が選ぶことはできない。この段階で家長の成績を計ることに意味はない。資本と利益の峻別は必要でなく、それぞれの持分が把握されることで事は足りた。算出された利益にフォーカスして、これを損益計算書と貸借対照表に分けることはなされていない[66]。家長にとって選択が可能なのは、共同経営者や使用人と取引先であった。共同経営者や使用人については、それぞれの成果を計ることにより、家長は適材適所を実現しえた。また、取引を記録することで約束を守る取引先を見出すことができたのである。

65　同書、pp. 156-166。

66　同書、pp. 237-238。

第7節　資本と経営の分離　1　配当が経営者の能力を語る

　株式会社の経営者は「怠慢であり、浪費がつねに幅を利かしている[67]」
と考えていたアダム・スミスは、『諸国民の富』で次のように述べている。
　「株式会社が排他的特権なしでも成功的に営むことができそうに思われ
る事業は、そのあらゆる活動を日課に還元してしまえる事業、つまりそう
いう活動をほとんどまったく変更する余地のない、形にはまった方法に還
元してしまえる事業だけである[68]。」
　南海会社は、奴隷取引を中心としたスペイン領南アメリカ植民地との貿
易を目的として1711年に設立された特許会社であった[69]。1718年、英国と
スペインとの間に戦争（四カ国同盟戦争）が始まると、この事業は立ちゆか
なくなる。
　当時の歳出不足を公債で補っていた英国政府の利子の支払いは、歳出の
半分を占めていた[70]。南海会社は、1720年の4月から8月の間に現金では
なく、その公債による増資をおこなう。償還を前提にする公債を、償還を

67　大内兵衛／松川七郎訳、アダム・スミス『諸国民の富　4』岩波書店、p. 92。
　　原文では次のようになっている。
　　"Negligence and profusion must always prevail"
　　Adam Smith, *An Inquiry into the Nature and Causes of the Wealth of Nations*,
　　Oxford University Press, 1976, p. 741.
68　同書、p. 116。
　　原文では次のようになっている。
　　"The only trades which it seems possible for a joint-stock company to carry on
　　successfully, without an exclusive privilege, are those, of which all the opera-
　　tions are capable of being reduced to what is called a Routine, or to such a uni-
　　formity of method as admits of little or no variation."
　　ibid, p. 756.
69　南海会社には、設立当初から英国政府の不良公債を整理する目的があった。
　　鈴木俊夫『英国重商主義公債整理計画と南海会社』中京大学商学会商学研究叢書編集委員会、
　　1986、p. iii.
70　同書、p. 2。

しない株式に転換する。南海会社は、自社株の買支えや高配当（50％の配当を12年間おこなう）の宣言や、南海会社の株主に対する自社株を担保にした株式担保貸付により株価操作をおこなう[71]。

議会は、6月24日に「泡沫会社禁止法」を制定し、「貿易、産業その他の合法的な事業において、臣民に対し、公的な苦痛、損害、不都合（をもたらす、すべての事業および起業）」を禁じた[72]。南海会社以外の投資先の設立が困難になる。この結果、1720 年 4 月20日は350ポンド程度であった株価は、6月24日には1,050ポンドをつける。集められた資金は、事業を運営するためではなく、株式の売買益を得るために使われた。株価の高騰は、9月に収束する。

南海泡沫事件の後も会社は存続した。年に 4 回の株主総会が開催され、役員の経営に問題があれば多数決で役員を解任できた[73]が、この規定が有効に機能することはなく、本業が利益をあげたのは1731年の 1 回限りであった[74]。その一方で、この会社と取引をした問屋や代理商の一部がわずか 1 年で大きな財産を築いたことを、アダム・スミスは指摘している[75]。悪意のある経営者は集めた資本金を懐に入れて姿を消す。能力のない経営者は、集めた資本を使い果たしてしまう。株式会社の経営者を「怠慢であり浪費家だ」と考えたのも無理はない。

株式会社の経営者に対する株主の不満が、会計制度の発展の要因となる。アダム・スミスの『諸国民の富』が出版される前日、1776年 3 月 8 日に、ジェームズ・ワット（James Watt, 1736-1819）が改良した蒸気機関が稼働する[76]。復水器を利用する蒸気機関の改良は、石炭の消費量を 3 分の 1 に

71　同書、p. 97。
72　同書、p. 146。
73　同書、p 108。
74　大内兵衛／松川七郎訳、前掲書、p. 98。
75　同書、p. 98。
　　Adam Smith, op.cit.、p. 745.
76　H. W. Dickinson, *James Watt : Crafstman and Engineer*, A. M. Kelley, 1967, p. 90.

した[77]。7月4日には、アメリカ独立宣言が、人民に基本的人権の存することを宣言する。

　市民は、財産権を基本的人権として有する。痛い目にあって、株主としての権利を実行することに目覚める。当時の株主には、経済的損失と不幸が不足していた。産業革命の緒についたばかりのこの時代、企業会計はまだ整備されていなかった。資金を提供した株主は、利益を獲得する経営者を見出すことはできない。

　角倉了以（1554〔天文23〕-1614〔慶長19〕）が高瀬川を開鑿した1611（慶長16）年に遅れること150年、1761年にウォスリーからマンチェスターまでの16kmをブリッジウォーター運河が結ぶ。この辺りの土地を所有していたブリッジウォーター公爵は、ブリッジウォーター運河の開鑿に私財220,000ポンド[78]を投じた。ブリッジウォーター公爵の資金調達が容易であったわけではない。500ポンドの手形でさえ現金化できない時期があった[79]。ブリッジウォーター運河により、公爵の所有しているウォスリー炭鉱の石炭がマンチェスターに供給されるようになると、それまで馬の背に乗せて湿地を運ばれていた石炭は、安価に安定的に供給される[80]。

　ブリッジウォーター運河の成功は、イギリスの地主や貴族の運河開削の誘因となった。運河マニアの時代が始まり、イギリスには、4,800kmを越える運河が張りめぐらされる[81]。「運河会社は、建設のために多額の資本を必要とするだけでなく、固定資本の比率が運転資本に比べて極めて高い[82]」という特徴に応えた会計制度が、複会計制度（double account system）であった。

77　山本通訳、バリー・トリンダー『産業革命のアルケオロジー』新評社、1986、p. 110。

78　小松芳喬「ブリヂウォオタ運河の建設費」『早稲田政治経濟學雑誌』第224・225合併号、1970、p. 22。

79　同書、p. 10。

80　当時のマンチェスターやソルフォードの石炭の価格の50％で売れるようになった。中村萬次『英米鉄道会計史研究』同文舘、1991、p. 5。

81　小池滋『英国鉄道物語』晶文社、1979、p. 20。

82　中村萬次、前掲書、p. 3。

複会計制度で作成される貸借対照表は、資本を構成する資本収支計算書（Capital Account）と、それ以外の一般貸借対照表（General Balance Sheet）から構成される。資本収支計算書には、運河の開鑿のために調達した資本と借入金が貸方に計上され、他方、構築された運河がその資産となる。集められた資本と借入金が、その目的を果たしたことを資本収支計算書により明らかにされる。残余の資金は開通した後の運河経営の資金となり、一般貸借対照表に引継がれる。一定期間の経営成績は収支計算書に示され、そこで計算された利益は、一般貸借対照表との連結環となる。

　運河の運用により収入を得た通航料と経営のための費用は、収支計算書によって示す。運河のような構築物の場合、メンテナンスが適切であれば時間の経過に従って利用価値が減衰することはない[83]。減価償却を考慮する必要は小さかった。収支計算書に示された収支差額は、利益として扱われた。

　運河を利用することで重量物や嵩の張る品物の流通は格段に容易になる。運河マニアと呼ばれる運河への投資は1795年まで続く。バーミンガムでは３分の２の庶民が株主になった。運河の便益を受ける人々の投資が多かった。鉄道の隆盛は、運河が利用可能であるにもかかわらず、運河の価値を減衰させた[84]。

　1825年に「泡沫会社禁止法」が廃止され、会社の設立には勅許状は不要となる。リヴァプール・アンド・マンチェスター鉄道が1830年に開通し、アーウェル川にそってマンチェスターとリバプールを結んだ。ワットが改良したポンプが動き出してから72年の歳月が流れた。

　リチャード・トレヴィシックが、1804年[85]に初めて蒸気機関車を走らせてから28年、1808年に "Catch Me Who Can" と名付けた蒸気機関車を

83　1890（明治23）年に完成した琵琶湖疏水は、今も利用されている。1897（明治30）年に竣工した敦賀市の葉原トンネルは、幅が狭く１車線しかないが、今も利用されている。

84　1809年に開鑿されたロンドンの南に位置するクロイドン運河の株価は、1834年には投資額の３％まで下がった。
　　中村萬次、前掲書、p. 18。

第3章　会計なければ分業なし──99

ロンドンで客車に人々を乗せて走らせ[86]、その有用性を知らせようとしてから22年が経過した。人々がパイオニアの仕事に追いつくのには、長い時間を必要とする。

会計士は、1831年の破産法（The Bankruptcy Act of 1831）によって、商人、仲介人とともに破産会社の管財人（offical assignees）を受任する地位を得る[87]。

運河に比べて移動時間を大幅に短くする鉄道の利便性が明らかになると、鉄道は著しく延伸した。1836年から翌年までの1年間で2,414kmの鉄道新設が議会で認可される[88]。鉄道株は、運河株に代わる投資の対象となった。「1843年に鉄道株は国債と同じく確実だと見なされ、人びとが安定を確信して余剰資本をそこへ投資した[89]」。株式会社に資本が提供され始める。1848年には認可された鉄道の距離は、8,251kmとなる[90]。

株式会社に資本と同じように必要とされたのは、株主と交わした「儲けます」という約束を守る経営者であった。経営者は、株主となることを期待する投資家に「資本を提供してください」と要請し、その見返りに「儲けます。そして、その儲けから配当を提供します」と約束する。本来、株主にとって良い経営者とは、株主より預かった資本を運用し、儲け、そこから配当する経営者であった。しかし、株主にとっての関心は配当であり、利益は問題にされない。高配当が維持されるならば、経営者は良い経営者であった[91]。

鉄道会社は、鉄路を伸張し、合併や吸収を繰り返す。このための資金を

85　磯田浩訳、H. W. ディキンソン『蒸気動力の歴史』平凡社、1994、p. 120。
　　Pen-y-Darrenと呼ばれるこの蒸気機関車のレプリカがスワンジー（Swansea）に動態展示されている。
86　Asa Briggs, *The Power of Steam*, University of Chicago Press, 1982, p. 108.
87　千葉準一『英国近代会計制度』中央経済社、1991、p. 90。
88　磯田浩、前掲書、p. 29。
89　小池滋、前掲書、p. 45。
90　同書、p. 49。
91　湯沢威『イギリス鉄道経営史』日本経済評論社、1988、pp. 118-119。

増資により調達した。利益を配当の原資とすべきことは、経営者は誰もが知っていた。株式の発行により集められた資金、あるいは社債の発行によって集められた資金が目の前に積み上げられると、経営者は、この資金を株主に約束した配当を実行するための資金とした。

「鉄道王（The Railway King）」と呼ばれたジョージ・ハドソン（George Hudson, 1800-71）は、1848年5月にイースタン・カウンティズ鉄道の配当の原資とするために、76,000ポンドの優先株の発行の提案をしている[92]。ハドソンは、株主が高配当を望んでいることを知ってはいたが、その源泉が利益であるべきことは軽視した。ハドソンの経営の不味さが、1849年に露わになる。能力のない経営者への投資は無駄になる。鉄道株は紙くずとなった[93]。

1844年、英国で最初の一般会社法（The Act for the Registration, Incorporation and Regulation of Joint Stock Companies）が成立する。この会社法は、株式会社の登記による設立を可能にした。同法は、株式会社に利益の源泉を示す損益計算書の公開は求めなかったが、会計帳簿を整備し、決算をおこなうことを求め、完全かつ公正な（full and fair）財政状態を示す貸借対照表を作成し[94]、監査人はこれを監査し、必要な場合は職業監査人を利用して[95]監査をおこなうことを認め、監査された貸借対照表を株主総会に提出することを求めた。

ロバート・ロウ（Robert Lowe, 1811-92）商務省次官の主導による1855年、1856年及び1862年の会社法の改正は、株主を無限責任から解放することになる。株主の責任が限定されるので、債権者や取引相手のための会社の公開性（publicity）が重視された。また、株主保護の観点から適切な帳簿の

92　同書、p. 124。

93　1841年に創刊された『パンチ』には、鉄道ブームと「鉄道王」の風刺画が多くある。
　　松村昌家編『『パンチ』素描集：19世紀のロンドン』岩波書店、1994、pp. 41-70。

94　大矢知浩司／佐々木秀一編『イギリス会計制度の展開』同文舘出版、1981、p. 33。
　　この会社の株主には無限責任が求められた。

95　千葉準一、前掲書、1991、p. 71。

維持、勘定残高、貸借対照表の作成と監査人による監査が要求された[96]。

1900年の会社法改正では、監査人は、株主総会前に貸借対照表が、「真実かつ正確なる概観（true and correct view）」を示していることを表明することが求められる。外部監査人による監査が会社法にあらわれる[97]。

会計士は、経営が結了した企業から、経営されている会社を定期的に継続して監査するようになる。医師は、自ら病に罹患するのではなく、多くの病を観察することで病気に精通するわけだが、同じように、会計士も業務として多くの企業を観察することで、あるべき会計とは何かを検討するようになる。

会社法は企業の成熟と成長を促し、20世紀を迎える頃になると、年間平均で約8,000 社が登記されるようになった。上場企業の破産率も1883年から1913年にかけて半減[98]する。資本主義の進展により、産業革命以前に比べて格段に豊かになった市民は、手にした資金を投資に向ける。その資金は、英国内だけでなく、米国の運河や鉄道の整備にも充てられる。五大湖とニューヨークを結ぶエリー運河は1825年に全通し、シカゴとメキシコ湾を結ぶイリノイ・ミシガン運河は1848年に開通する。1869年にはアメリカ大陸の東西を結ぶ大陸横断鉄道が開通する。

96　山浦久司『英国株式会社会計制度論』白桃書房、1993、pp. 24-32。
　　1956年の改正と共に Table B として示された模範定款では、監査人は株主でなくても良いとされている。
　　https://www.gov.uk/government/uploads/system/uploads/attachment_data/
　　file/386364/comm14July1856JointStockCoAct_P1.pdf（2017年5月9日現在）
97　監査人の経営からの独立性は求められていたが、専門の会計士であることが求められるのは1948年以降であった。
　　千葉準一、前掲書、1991、p. 218。
98　PwC ジャパン『PwC ジャパン63年の軌跡』PwC ジャパン、2012、p. 16。

第8節　資本と経営の分離 2　利益が経営者の能力を語る

　産業革命により大量生産が可能となる。企業は、大量生産に必要な固定資産を保有するために、大きな資本を必要とした。多くの人が、株式の募集に応じて株主となった。アダム・スミスが『諸国民の富』を著した1776年、米国に住む300万人の移住者の95％は農業に従事していた[99]。英国に遅れて1866年から1873年まで続く鉄道ブームにより、米国に株式会社制度が根づき、1900年には7,600万人[100]の人が住み、100万人以上の個人[101]が投資をおこなっていた。

　第一次世界大戦で戦火に曝されなかった戦勝国アメリカは、英国に代わって「世界の工場」となる。投資先を直接監査する時間も能力もない英国の株主は、英国から会計士を派遣し、その監査に期待する。ところが、その期待に応えるのは容易なことではなかった。

　貸借対照表は、作成され監査され登記されたが、会計情報に価値がなければ監査に価値はない。1494年にパチオリが示した簿記書では、出資に関わる会計処理が示されていた。この当時、家計と家業は分離していた。家業への出資はおこなわれたが、出資者は経営者を選ぶことはできなかった。

　産業革命で創出された産業は、大きな資本を必要とする。むきだしで燃やしていた燃料は、シリンダーの中で燃やされて大きなエネルギーを生みだす。徒歩や牛馬によっていた陸上交通は鉄道に置き換わり、帆船はスクリュー船に代わる。通信には電信や郵便が利用される。

　経営者が「私の欲しいものをください」として株主から提供を受けるの

99　大野功一他訳、プレヴィッツ／メリノ『アメリカ会計史』同文舘、1983、p. 22。

100　猿谷要日本語版監修、ロバート・H. フェレル『図説 アメリカ歴史地図』原書房、1994、p. 179。

101　大野功一訳、前掲書、1983、p. 89。

第3章　会計なければ分業なし——103

は資本金であり、資本金に繰入れない部分は資本剰余金となる。そして、「あなたの欲しいものをあげましょう」として経営により獲得した利益が利益剰余金に計上され、配当される。資本と経営が分離したことで、純資産の部に表示されている株主が資本家に預けた資本と、経営者が株主に約束して獲得した利益も分離して記載されなければならない。

　企業の経営を預かる経営者は、純資産の部においても株主を主語とする勘定を必要とする。しかし、1920年代の米国の多くの州法では、剰余金に資本剰余金と利益剰余金の区分はなかった。配当の原資となる利益剰余金と、経営者に預けられた資本剰余金とを、同じ単一の剰余金勘定で処理することを法が強制していた[102]。

　1900年に設立された車体を鋼板で包む中間価格帯の車を製造するダッジ・ブラザース・カンパニー（Dodge Brothers Company）[103]は、1925年に未亡人が保有していた8,500万ドルの資産を同社に24,600万ドルで売却する。この後、同社は、28,500,000株の株式を公募し、9,000万ドルを集める。1株100ドルで850,000株で売出された優先株は、7ドルの配当を約束する。優先株の資本に組入れ額は、1ドルであった。普通株は2,000,000株が売出されるが、資本組入れ額は1株当たり0.1ドル。9,000万ドルの株式発行によって集めたうち、資本に組入れられた金額は、105万ドルであった[104]。この時代、このように処理することは合法だった[105]。

　株式を発行する際、資本金勘定に振替えるのはその一部だけであり、残余が剰余金勘定に算入された。法律により、一つだけしか認められていない剰余金勘定に算入された資本を原資とする資金が、配当として支払われた[106]。

102　同書、pp. 248-250。
103　Charles K. Hyde, *The Dodge Brothers*, Wayne State University Press, 2005, p.xiv.
104　William Z. Ripley, *Main Street and Wall Street*, Scholars Book, 1972, pp. 194-196.
105　大野功一訳、前掲書、p. 251.
　　　ブレヴィッツとメリノは、ダッジ・ブラザースの優先株の売出単価を10ドルとしているが（p. 249）、ここでは Ripley の記述によった。

104

増資にあたって謳われた目的と異なる資金の利用の矛盾を解消するために ジョン・ワイルドマンとウェルダン・パウエルは、1928年に著した "*Capital Stock without Par Value*（無額面株式）"で、以下の3つの原則を提唱した[107]。

　　1．資本は払込金額により計上されなければならない
　　2．利益は資本と区別して表示されなければならない
　　3．資本は配当されてはならない

　この原則には、法による強制力はない。経営者と経営者によって選任される監査人の良心にこの原則の適用は依存していた。

　大恐慌が始まってから、会計制度の混沌も深まる。会計士が監査をおこない会社の財務諸表を証明したとしても、財務諸表を作成するための拠り所が監査人個人に依拠していては、その財務諸表に検証可能性はない。検証可能性とは「2人以上の適格者が同じ資料を調べたとすれば、本質的に類似した数値または結論が得られる[108]」という性質である。財務諸表が、異なる会計士の間で検証をして異なる利益額が算出されるようでは、その財務諸表に価値はない。会計士は、記帳は正しくとも、会計報告としては「本質的なところで誤っているかもしれない[109]」と考えるようになる。

106　大野功一訳、前掲書、p. 250。
107　John Wildman / Weldon Powell, *Capital Stock without Par Value*, A. W. Shaw, 1928, pp. 59-60.
　　　大野功一訳、前掲書、1983、p. 248。
108　American Accounting Association（AAA）, *A Statement of Basic Accounting Theory (ASOBAT)*, American Accounting Association, 1966, p.10。
109　大野功一訳、前掲書、p. 261。

第3章　会計なければ分業なし──105

第9節　約束から導かれる会計原則

　市場では、他人の成功が取引される。産業革命により、大きな資金を要
する産業が生まれた。大きな資本の需要は、多くの人に投資の機会を提供
し、多くの人に雇用を提供し、多くの人がその成果を享受した。分業は、
自己の成功を利用してもらい、他人の成功[110]を利用する。生きながらえる
ことさえ困難であったたくさんの人々が、生きられるようになる。

　超長期のヨーロッパの人口推移が、このことを明らかにする。ローマ帝
国がヨーロッパに版図を広げていた頃の人口は33百万人であり、その半分
がイタリアを中心とする南欧に集中していた。第4回十字軍の遠征があっ
た頃には49百万人に増加し、ペルッツィ会社が興隆した1340年代には70百
万人となる。その後、ペストの流行と百年戦争により1500年には、56百万
人となる。

　産業革命の始まる1750年には、140百万人を数え、この頃から南欧のヨ
ーロッパの人口比率は減少を始め、イギリスの人口比率が増加する。大恐
慌の起こった1930年には、500百万人を数えるようになる[111]。

　日本においても産業革命の影響は同様で、1872（明治5）年には34百万
人であった人口が、1972（昭和47）年には、107百万人へと増加している[112]。

　株式会社制度は、利益を獲得する能力のある経営者に資本を委ねれば、
その出資に応じて応分の利益を享受することを可能にした。1300年、最初

110　河村瑞賢は、他人が金儲けをすると、自分が儲けたように喜んで、その人を招いて宴を張った。
　　他人の成功を喜ぶのは、「ありがとう」の連鎖が始まったからであった。
　　古田良一『河村瑞賢』吉川弘文館、1964、p. 15。
111　山本正三訳、T. G. ジョーダン『ヨーロッパ文化』大明堂、1989、p. 173。
　　http://www2.ttcn.ne.jp/honkawa/9010.html（2016年2月1日現在）
112　総務省統計局の以下の資料によった。
　　http://www.stat.go.jp/data/chouki/02.htm（2016年2月1日現在）

に家計と家業を分離したペルッツィ会社の17名の出資者は経営者を知っていたし、会社の経営状態を知ることができた。1602年、最初に資本と経営が分離した株式会社となった東インド会社は、より多くの資本を必要とした。経営は、17人の重役によりおこなわれ、出資者はアムステルダムに1,143人、ミッデルヴルフには264人がいた[113]。

　産業革命以降の株式会社は、巨額の固定資産を取得するために多額の資本を必要とした。株式会社の経営者は、会社に対して多くても数十名だが、資本を提供する株主は、必要となる資本の額に応じて増えていく。増加する出資者は、経営に直接携わることのない不在株主となる。

　リヴァプール・アンド・マンチェスター鉄道に接続するグランド・ジャンクション鉄道は、1837年に開通するが、その株主数は資本を募集した1833年で553株、リヴァプール・アンド・マンチェスター鉄道と合併する1845年には1,821株を数えた[114]。会社の数も増加する。ロンドンで149社の株式会社が1856年に登記されたが、1883年には596社が登記されている。米国で1891年に設立された American Sugar Refining Company の1900年頃の株主数は、1万人であり、American Telephone and Telegraph Company となると36万人を数えた[115]。

　資本と経営の分離は、資本家と経営者の人間関係の分離でもある。経営に必要な資本が大きくなれば、利害関係は大きくなる。会社の数が増えれば、株主の数も増加する。「利害関係の大きさ」も増大する。

　少数の経営者に対する多数の株主との関係は、希薄化する。会社制度が生まれたばかりの頃であれば、資本家は会って言葉を交わすことができた。多くの資本家が無機能株主として出資に応じる株主であれば、経営者と株主とが直接情報を共有する機会は少ない。このため、「信頼の程度」は小さくなる。

113　科野孝蔵『オランダ東インド会社の歴史』同文舘出版、1988、pp. 28-54。
114　村田直樹『鉄道会計発達史』日本経済評論社、2001、pp. 138-140。
115　William Z. Ripley. op.cit., pp 157.

経営者が出資を集める際、株主に手渡した事業の目論見が実現したか否かの報告をすることで、株主は、信頼をおける経営者なのか、信頼できない経営者なのか、判断する。目論見書を手渡してから報告するまでの期間が、あるいはその次の報告までの期間が長くなることで、「信頼の程度」はさらに小さくなる。会計報告の必要性は、「利害関係の大きさ」に比例し、「信頼の程度」に反比例する。会計責任の要求は高まる。

　株主は、1776年のアダム・スミスが経営者に対して抱いた「怠慢であり浪費がつねに幅を利かしている[116]」という印象と、同じ印象を株式会社の経営者に対して持つ。多くの人々が、経営者に対する不平と不満を持つことで事態は改善し始める。

　当初、その改善策として利用されたのが、第三者による信用の付与であった。イタリアの商人が、未決済額の信用性を公証人の介入で担保したように、財務諸表の信頼性を公認会計士の監査により担保するようになる。

　1917年以来、財務諸表監査の規範となった『財務諸表の検証（Verification of Financial Statements)[117]』は、経営者が公表した財務諸表の各勘定が、監査人が検証した数値が本質的に類似した金額あるいは結論になるという検証性を確保した。しかし、作成された会計報告自体が、会計情報利用者の必要性を満たしているかどうかは検討されていない。

　会計報告は、以下の原則に従って有用となる。

成果明示の原則

　「会って功績を計った」後に、功績を計った者との関係を継続するか、あるいはやめるという権限を有する者が会計情報利用者となって、

116　大内兵衛／松川七郎訳、前掲書、p.92。
　　　Adam Smith, op.cit., p.741.

117　J. Scobie が、1917年に "Uniform Accounting" というタイトルでプライス・ウォーターハウスの内部文書として作成。本タイトルは、1929年に FRB（Federal Reserve Bank）から発行された改訂版で、「会計士のバイブル」と呼ばれた。
　　　大野功一訳、前掲書、1983、p.200/255。

会計は機能を発揮する。取引の対象に将来の行為を含むようになり、会計には記録を必要とするようになる。信用取引では、互いの決済の約束が評価の対象であり、約束を守る相手と継続し、取引をする。経営の一部を委ねたのであれば、その委ねた仕事が会計報告の対象となる。株式会社においては、株主が経営者を評価する。資本と経営が分離した株式会社を成立させたのは、経営者が株主と交わした「資本を預けてください。そうすれば利益を獲得して配当します」という約束である。

　獲得されるべき利益は、収益から費用を差引いて求めらる。収益は取引の相手方から受取った貨幣額により測定され、費用も負担すべき貨幣額により測定される。差引いて求められる利益は、誰もが次の交換に備えて喜んで受取ってくれる貨幣によって配当される。経営者が株主に提供すると約束した利益が貨幣により評価されるので、会計情報も貨幣額によって提供される。

　ペイトンとリトルトンは、当時の学説や実践慣行から基本的なものを残すことで基礎的概念を導き出した[118]。その一つが、会計が貨幣額により対象を表現するという「測定された対価（Measured Consideration）[119]」概念であった。この概念は、経営者と株主の間で取り交わされた約束から導き出される。

　市場において、財の最終利用者は当該財から得られる効用とコストを比較考量する。この場合、効用は利用価値であり、交換価値を示す貨幣的な評価はそぐわない。会計報告の内容は、取引の際に交わされた約束から導かれる。約束から導出される成果が、会計報告が明示すべき内容となる。

118　中島省吾訳、ペイトン／リトルトン『会社会計基準序説』森山書店、1958、pp. 11-40。
119　同書、pp. 18-21。

報告範囲決定の原則

　成果を計るための会計記録は、約束された将来の行為を明らかにする。信用取引では、互いの未決済の約束が記録の対象となる。経営の一部を委ねたのであれば、その委ねた仕事が会計記録の対象となる。

　株式会社において、経営者の功績を伝える会計報告を株主に提供するに際して最初に明らかにするのは、「報告の範囲」である。報告範囲は、経営者が影響力を与える範囲となる。この範囲は、経営者の経営権が場所的にも期間的にも及ぶ範囲である。

　株式会社への出資は、終期の定めがない。終期の定めのない株式会社のもう一つの特徴は、株主が経営者を定期的に選任する権利にある。株式会社から継続して配当を得るには、株主は利益を獲得する能力のある経営者に経営を任せなければならない[120]。経営者の提供する会計報告によって、株主は経営者に継続して経営を委ねるか、あるいは新たな可能性を選択するかを判断しうる。

　ペイトンとリトルトンは、出資者とは別個の「企業実体（The Business Entity）[121]」と、企業実体の寿命が長く続くという「事業活動の継続性（Continuity of Activity）」を基礎的概念とした。正常な企業においてテストすべきは継続性であり、完全な清算という観点からのテストにもとづいて判定されるべきではないとした[122]。

　「事業活動の継続性の想定」は、仕事を任せた者と任された者との関係により規定される。終期を定めない資本を提供するという約束と、株主は資本家を選任することができるという関係から、定期的な報告が求められる。株主は経営者の目論見通りに経営がなされているかを

120　この辺りの議論は、下記の拙稿を参照されたい。
　　　吉田寛「会計主体としての政府」『自治研究』第91巻第2号、2015、pp. 99-115。
121　中島省吾訳、ペイトン／リトルトン、前掲書、pp. 12-15。
122　同書、p. 15。
　　　新井清光においては『継続企業の公準』に相当する。
　　　新井清光『会計公準論』中央経済社、1978、pp. 198-199。

検証する。約束が完了するまでの間は、貸借対照表の評価は、経営者の評価に依存する。事業の将来を見通す経営者が利益を獲得する。将来の経営成績に影響を与える行為を経営者がおこなったのであれば、その影響は報告されなければならない。

帰属主体の峻別の原則

株主に経営者の功績を伝える会計報告を提供するために、次に判断が必要となるのは、「帰属主体の峻別」である。

取引は、他人の成功を利用する。良い品物を作ることに成功した生産者の生産物が取引され、生産者も利用者も豊かな生活を手に入れる。生産した者に生産物の私有を認め、商品の受渡しの後に品物の所有権は買い手に移る。市場での取引は、私有財産制を前提とし、社会的な分業の成果を互いに享受する。

物々交換であれば、商品の受渡しが成立した時点で会計は終わる。貨幣が流通し、商品の受渡しと対価の決済の時期が分離すると、記憶を補う記録が必要となる。取引相手を主語とする記録を用意することで、債権や債務の帰属を峻別した。

「投資家に必要な企業経営に関する情報のすべてが配当によって提供されている[123]」と主張された1920年代、配当の原資となる剰余金に資本剰余金と利益剰余金の区分はなかった[124]。

1937年にハスキンズ・アンド・セルズ財団のトーマス・ヘンリー・サンダース（Thomas Henry Sanders）を委員長としてヘンリー・ランド・ハットフィールド（Henry Rand Hatfield）、アンダーヒル・ムーア（Underhill Moore）により編纂された「会計原則に関する報告書（A Statement of Accounting Principles　以下、SHM会計原則）」は、会計原則を体系化し、会計実務を標準化する意図によりまとめられた[125]。

123　大野功一訳、前掲書、p. 251。
124　同書、p. 250。

そこで究極目的とされたのは、特定の企業における資本と利益との区別をし、これを効果的に維持することであった[126]。我が国の「企業会計原則」の多くは、このSHM会計原則を下敷きにしているが、新井益太郎教授は、SHM会計原則の一般原則が充実していることが、その採用の理由となったとしている[127]。

資本家が経営者に預けた経営の原資となる剰余金なのか、経営者の経営の結果生じた株主への配当のために準備される利益なのかを峻別すべきであるとする理由は、私有財産制から生ずるのである。

有用性の原則

株主が経営者の功績を計るために提供を受ける会計報告を提供する際の判断の拠り所となるのは、会計報告の受け手に対する「有用性」である。

家業と家計が分離した段階の企業では、出資者は経営者を選ぶことはできなかった。当時の会計に求められた有用性は、取引の相手先の信用を計ることであった。株式会社においては、手に取って吟味できない経営者の能力に「利益」という指標を提示する。

保守主義の原則

仕事を任された者が会計報告を提供する際に配慮すべきは、「保守主義」である。「保守」にも二つの意味がある。「今まで通り」に事を進めることを良しとする意味と、本来守るべきことを守るという意味がある。会計報告を提供する際に配慮される「保守主義」とは、後者の本来守るべきものを守るという意味である。

信用取引が始まった時代、債権債務の状態に齟齬がないように公証

125　山本繁『SHM会計原則』同文舘、1979、p. 3。

126　同書、p. 9。

127　新井益太郎『会計士監査制度史序説』中央経済社、1999、p. 12。

人に認証を求めた。パチオリは、支店の記帳については、その管理を任せた者の承諾無しに記帳することを不正であるとした。

株主は、経営を委ねる領域において先を見る目がある者に経営を任せる。事業の将来を見通すことができる者が利益を獲得する。どのような品物が、どのくらいの数量でどのくらいの売価で売れるのかを見通すことができて仕入れた品物は、売上に貢献し、売上原価となる。大きな固定資産を必要とする事業においては、利用する期間において収益に結びつくことが期待でき、固定資産を設置する。任期が終った後に支払が生じる原因をつくっているのであれば、その備えとして引当金を計上し、それを会計報告に残すことが求められる。

経営者に会社の経営を委ねた株主は、経営に精通することはない。会計情報から経営者を判断する。会計情報は、経営者の指揮下にある従業員によって作成される。経営者が損失を計上していれば、株主に対して不誠実な経営者は損失を隠そうとする。株主との約束が履行できないことが明らかになることは、経営者にとっても好ましいことではない。経営者に任命される会計報告を作成する従業員は、その意向に沿った会計報告を作成する。

保守的な経営者は、そのような状態に陥ってもなお、経営の実態を伝えることを可能にする準備をしておく。第三者の専門家に会計報告の監査を委ねる。経営者は、特定の経営の分野において先を見る目を持つがゆえに利益を獲得することができる。その会計報告においても、将来の経営に備えた保守的な会計処理が求められる。将来の事象に対して「保守的」であることが会計においても求められる。

「資本を預けてください。そうすれば利益を獲得して配当します」という約束を株主と交わした経営者の功績を計るために演繹的に会計に求められるのは、約束された貨幣額で表示される利益が、経営者の「責任の及ぶ範囲」において獲得されたものであり、利益を計算する上で「帰属主体が

峻別」されて、その報告が株主にとって「有用」であり、利益を算定する
上で経営者が将来を見通した上で「保守的」に算定することである。

　会計原則を定めることで、経営者が示した利益は検証可能になる。目に
見えない経営者の能力を計ることができるようになる。升を使うことで、
多量の豆の数を数える必要はなくなる。経営者のする数多くの取引を確認
するのではなく、利益によって計ることができるようになる。

　演繹的に定められた会計原則は、統一された度量衡と同じように機能す
る。良い会計原則は、変更を必要としない。取引の会計処理を取引ごとに、
財務諸表での表示を業種ごとに定める必要を小さくする。

第10節　経営者の能力を取引する

　会計は、仕事を委ねた者と、委ねられた者の関係を明らかにする。会計
が適材適所を実現するために解明すべきは、会計を必要とする人間関係の
解明であり、当事者間で取り交わされた約束の解明であった。

　多くの会計基準は様々な会計情報の利用者を想定している。アメリカ会
計学会は『基礎的会計理論』で、「現在および将来の投資家、債権者、従
業員、株式取引所、政府機関、取引先その他」を挙げている[128]。

　これらの利用者と経営者の関わりを確認する。投資家は、投資先を選択
するが、経営者を選任することはできない。債権者は、貸付先としての企
業を選択するが、経営者を選任することはできない。従業員は、勤め先と
しての企業を選択するのであり、経営者を選任することはできない。株式
取引所は、上場する企業を選別できるが、経営者を選任することはできな
い。政府機関にとっては、企業は徴税対象であり統制の対象であるが、政

128　飯野利夫、アメリカ会計学会『基礎的会計理論』国元書房、1969、p. 31。
　　 AAA, *ASOBAT*, ibid, pp. 20-21.

府機関として経営者を選任することはできない。取引先は、取引先として企業を選別するが、経営者を選任することはできない。

　株主が、経営者に経営を委ねる。株主のみが、他の会計情報利用者と異なり、経営者を選任できる。株主が選択をするのは、企業のおこなう個別の取引ではない、経営者の利益を獲得するという約束の結果である。企業会計は、経営者の利益を獲得するという約束の結果を見えるようにする。経営者に利益を獲得する能力がなければ、無能な経営者を排除し、利益を獲得する経営者を見出し、経営を任せる。その事業に、社会的な需要がないために利益が獲得できないのであれば、株主は資本を手放す[129]。

　ペイトンとリトルトンは、実践慣行を分析し、本質的なものだけを体系化することで会計原則を導き出した。新井清光は、ペイトンとリトルトンが会計原則として示した原則を会計公準に織り込んだ。その会計公準の来歴を「論証なしに、広く一般に自明のものとして認められうる基本的な前提条件または仮定[130]」とした。しかし、仕事を任せた者の功績を計るための会計原則は、仕事を任せた者と任された者との間で取り交わされた約束から演繹的に導き出される。

　ペイトンとリトルトンは、会計原則は政府でも世間一般でもなく、会計の現場から生まれるとした[131]。新井は、「一般に自明のもの」が誰にとって自明なのかを疑問視し、実務的慣行から生まれた会計公準では、将来の会計実務のあり方や会計理論の指針を示すことが困難になることを予測していた[132]。

　あるべき会計原則は、会計を必要とする人間関係から演繹的に導かれる。

　有用な会計情報は、能力のない経営者から経営権を奪うことになる。経営内部の者が、経営者が無能であることを示す会計報告を作成することに

129　中島省吾訳、前掲書、p. 5。
130　新井清光、前掲書、p. 59。
131　中島省吾訳、前掲書、p. 12。
132　新井清光、前掲書、pp. 192-193。

は、困難が伴う。その担当者は、経営者が無能であることを示すことで生じる解職の危機を恐れる。職業専門家として独立の第三者として監査をおこなう会計士にも、その報酬が企業から支払われることを鑑みれば、同様の危機を恐れる。経営能力の欠如が明らかになることを恐れる経営者は、会計情報を開示しない。

　1920年代の投資家には、配当が企業経営に関する情報のすべてであった[133]。経営者は、「配当を継続し、会計情報は開示せずに」済ませた。1920年代の好景気は、米国証券市場の取引も活性化する。1920年には2,788百万ドルであった株式発行数高は、1929年には9,376百万ドルとなっている[134]。

　多くの経営者は、新株発行に際して株主に投票権を与えなかった[135]。投資家は、「株価があがりはじめたら、予測者が何を言っても、その事業の見通しがどんなに漠然としていようとも[136]」買いに回った。実際のところ投資家は投機家であって、投資先の経営に関心はなく、関心は株価にあった。大恐慌が発生して、会社自体が消滅し、株券に紙くずほどの価値もなくなる。これにより多くの投資家は、出資に際して期待すべきが利益を源泉とする配当であったことに気がつく。投資家のすべき出資は、投資であって投機ではなかった

　「マッチ王（the Match King）」と呼ばれたクルーガー（Ivar Kreuger, 1880-1932）は、投機家を相手にしていた経営者の一人だった。クルーガーは、ヨーロッパ15ヶ国におけるマッチ製造の独占権と他の24ヶ国でのマッチの市場支配権を有し[137]、銀行業、不動産、電話、鉄鉱山業、金鉱山業、及び新聞業に携わっていた[138]。1929年の恐慌の後もクルーガーのインター

133　大野功一訳、前掲書、1983、p. 251。
134　吹春寛一訳、マーガレット・G. マイヤーズ『アメリカ金融史』日本図書センター、1979、p. 347。
135　同書、p. 346。
136　藤久ミネ訳、F. L. アレン『オンリー・イエスタデイ：1920年代・アメリカ』研究社出版、1975、p. 338。

ナショナル・マッチ（International Match）社は、配当や利子の支払を停止することはなかった。このため株式と社債はよく売れた。配当と利子は、証券発行のたびに受取る収入から支払われた。破綻を迎える1932年までのクルーガーの仕事は、事業の経営ではなく資金調達を繰り返すことと、会計情報を秘匿するだけであった[139]。

米国大統領就任演説は、その人の理想を述べる場合もあれば、世相を代弁する場合もある。第32代米国大統領（1933-45）フランクリン・ルーズベルト（Franklin Roosevelt, 1882-1945）の1933年の大統領就任演説は、大恐慌に対する世相を「人々の財産の交換をする者たちの強情と無能とによって失敗した[140]」と代弁した。

株式会社は、1602年に設立されたオランダ連合東インド会社（Vereenighde Oost Indische Compagnie, 以下V.O.C.）に始まる[141]。株式会社が設立されてから1920年代まで、企業経営に関する情報は配当によって提供されていると主張された[142]。株主にとっての関心は配当であり、高配当が維持されるならば、経営者は良い経営者であった[143]。配当の原資となる剰余金に資本剰余金と利益剰余金の区分はなかったが[144]、株式会社に資本と同じよう

137　1928（昭和3）年11月22日付の「神戸又新日報」は、クルーガーが33ヶ国の160の燐寸工場を掌握し、1年間に200億箱の燐寸を製造している、と伝えている。
　　　神戸大学経済経営研究所　新聞記事文庫　燐寸製造業（第03巻記事番号134）
138　吹春寛一訳、前掲書、p. 365。
139　大野功一訳、前掲書、pp. 250-251。
140　下記のように述べている。
　　　"this is because rulers of the exchange of mankind's goods have failed, through their own stubbornness and their own incompetence, have admitted their failure, and have abdicated.
　　　http://avalon.law.yale.edu/20th_century/froos1.asp（2017年4月4日現在）
141　イギリス連合東インド会社は1600年に設立された。V.O.C. は、次の4点が整っていたことから最初の株式会社とされる。
　　　1．全社員の有限責任。2．経営と資本の分離。3．株式の自由な譲渡。4．企業の永続性。
　　　大塚久雄『株式会社発生史論』岩波書店、1969、pp. 402-417。
142　大野功一訳、前掲書、p. 251。
143　湯沢威、前掲書、pp. 118-119。
144　大野功一訳、前掲書、p. 250。

に必要とされたのは、株主と交わした「儲けます」という約束を守る経営者であった。

1932年になると、米国の1,056社ある上場会社のうちで701社が公認会計士の監査を受けるようになる。監査は法律による強制ではないにもかかわらず、財政状態を正しく表示しているとの監査意見を企業は公認会計士に求めるようになっていた[145]。

ルーズベルトの1933年証券法（Securities Act of 1933）により、新規株式の公開には監査された財務諸表が求められた。1934年証券取引法（Securities Exchange Act of 1934）により、証券取引委員会（Securities and Exchange Commission, SEC）が設立された[146]。この法により監査された財務諸表の継続的な開示が義務づけられた[147]。SEC は、財務諸表の統一のために、SEC 規則ならびに SEC 会計連続通牒（SEC Accounting Series Release）を公表した。会計処理を選択するための会計原則は、1934年に公表されたアメリカ会計士協会（AIA）の会計5原則、1937年の会計原則の体系化を試みる SHM 会計原則、1939年のペイトンとリトルトンの「会社会計基準序説」と、様々な原則が議論されるようになる[148]。

良い法律は、悪人を減らす。監査が法により求められることで、監査人のする監査手続も、経営者に受け入れられる。利益を獲得せずに配当をする経営者が、株主から再任されることは難しくなっていく。

マッケソン＆ロビンズ（McKesson & Robbins）社は、プライス・ウォーターハウス（Price Waterhouse、現在の Pricewaterhouse Coopers）が監査していた。同社の主な事業は、薬品の卸売りであったが、1938年に架空の棚

---

145 "Certified Public Accountants", *Fortune*, Vol. 5 no. 6, Time, 1932, p. 63.
　　任意監査であったが、1902（明治35）年には、US Steel は連結財務諸表を作成し公開している。

146 SEC の会長に指名されたのは、ケネディ大統領の父 Joseph P. Kennedy であった。
　　大野功一訳、前掲書、1983、p258。

147 PwC ジャパン、前掲書、p. 21。

148 黒澤清『複近代会計学』春秋社、1965、pp. 132-139。

卸資産を計上していたことが発覚し、上場廃止となった。今でこそ、実査、立会、確認は、監査人が通常実施すべき手続きだが、当時の監査手続を示した『財務諸表の検証』では、棚卸資産の立会が含まれていなかった。このためプライス・ウォーターハウスは、マッケソン＆ロビンズ社の不正を検出できなかった。監査手続も、人々の不満や不安を重ねることで改善される。監査手続きもようやく整う[149]。SEC は立会を通常の監査手続として実施することを要請し、監査手続全体の拡充を促した。

　株式市場での取引動機は、二つある。一つは投機的動機によるものである。この場合、投機者が利益を得るためには市場の動向を常に観察しなければならない。もう一つは投資的動機によるものである。投資家は投資先を観察しなければならない。

　貨幣と度量衡の整備が、取引当事者間で齟齬のない約束を取り交すことを可能にし、市場での取引は拡大し、活性化した。企業会計は、経営者が株主との約束を守る能力を「利益」という尺度を定めることで明らかにした。会計監査は、経営者の継続中の「儲けます」という約束の履行状況について信用を付与する。

　市場は、人とは異なる能力を見出す。会計は、市場で取引される品物を、手に取って吟味することができる品物から、手に取って吟味することのできない経営者の能力にまで拡大した。企業会計の発展が、経営者の利益獲得能力を市場で取引される財とした。

149　棚卸資産にかかる実地棚卸立会、及び第三者による債権残高確認手続が要求されるようになった。監査報告書には内部統制の検討結果、監査範囲が明示されるようになる。
　　PwC ジャパン、前掲書、p. 22。

第 4 章

会計を知らなかった人たち

1 アダム・スミスの見込み違い
2 会計を知らなかったマルクス
3 会計を抹殺した伊藤博文
4 会計を知らなかったレーニン
5 会計を知らなかったケインズ

「資本主義」の経済にあっては、
無能な企業者から有能な企業者への資源の移動は、
前者が損失を齎し、
後者が利潤をもたらすといふ
事實そのものによって遂行されるのである。

山本勝市[1]

1　山本勝市『計画経済の根本問題』（私家版）、1939、p. 275。
　　1895（明治29）年に和歌山に生まれた山本勝市は、『貧乏物語』を著した京都大学の法学博士
　　河上肇（1879〔明治12〕-1946〔昭和21〕）に師事する。1925（大正14）年から1927（昭和２）
　　年までソビエト連邦に潜入し、貧困と餓死を目の当たりにする。共産主義の実態を知り、そし
　　て河上と決別。戦後の日本で自由市場を機能させるために奔走し、1986（昭和61）年に没した。

第1節　アダム・スミスの見込み違い

　孟子は、君主自ら農民と共に工作をすべきとする「皆農説」を説く陳相に対して、他人の成果を利用する交換により、各人が成すべき仕事をやり遂げることができると、分業のメリットを説いた[2]。

　主権と権力の分離の必要性が認識された頃、人民と主権者との双方を富ますことを経済学（political œconomy）の目的[3]としたアダム・スミスは、分業[4]と私有財産制[5]が諸国民の富を増殖することを指摘した。

　「私の欲しい物をください、そうすればあなたの欲しい物をあげましょう（Give me that which I want, and you shall have this which you want）[6]」と、取引を申し出た者が欲する物は、自分の所有する物ではない。取引相手が所有する物を欲している。交換に際しておこなう会計は、品物を手に取り、吟味し、相手に渡す品物よりも利用価値が高いかどうかを検討する行為である。

　吟味によって、相手に品物を渡すことで失う効用よりも、相手から受ける品物で得る効用が大きければ、そして相手も同じように得る効用と失う効用とを比較して得るものが大きければ、交換が成立する。両者の満足の水準が高まる。

　市場での交換を通して、他人の成果を利用することができる。「あなたの物は、あなたの物」と互いに認める私有財産制を前提として交換が成立

2　金谷治『孟子』朝日新聞社、1966、p. 161。
3　大内兵衛／松川七郎訳、アダム・スミス『諸国民の富　3』岩波書店、1965、p. 5。
4　大内兵衛／松川七郎訳、アダム・スミス『諸国民の富　1』岩波書店、1959、pp. 97-105。
5　同書、p. 337。
6　アダム・スミスは取引をこのように定義した。同書、p. 118。
　　Adam Smith, *An Inquiry into the Nature and Causes of the Wealth of Nations Vol. 1*, Oxford University Press, 1976, p. 26.

第4章　会計を知らなかった人たち——123

する。あなたの物が私の物とは異なることが、交換をおこなう動機となる。財の多様性が、交換をしようとする欲求を刺激する。市場に様々な品物が集まることで、「私の欲しい物」を見つける機会が増え、作り手は品物を交換する機会が増える。

　片手間で品物を作っていた者も、市場での交換を期待して品物を作ることで生計を立てられるようになり、良い品物を作ることができるようになる。生産者は、他人が喜んで取引に応じてくれる品物を作ることが可能となる。より良い品物を作ることに作り手が成功すれば、利用者は交換によって作り手の成功を利用することができる。市場は他人の成功を利用する場でもある。生産者と利用者が分離し、それぞれが得意とすることで生計を維持することになる。

　イギリスでの資本と経営の分離は、1662年には形式としては整っていた。株主は経営者を選ぶことができるようになる。また、配当も決算により確定した利益を分配するものとされた[7]。分業を高く評価したアダム・スミスだが、株式会社については否定的であった。株式会社の経営者について、アダム・スミスは「怠慢であり、浪費がつねに幅を利かせている[8]」と考えていた。

　1720年、南海泡沫事件を引き起こした南海会社は、株式会社であった。経営者は、経営に利用すべき資金と配当に利用して良い資金を峻別することなく、調達した資金を配当や株式投資にまわした。南海泡沫事件を惹起した後も会社は継続した。南海会社の本業は、奴隷取引を中心としたスペイン領南アメリカ植民地との貿易であったが、本業が利益をあげたのは1731年の1回限りであり、その一方で、この会社と取引した問屋や代理商の一部がわずか1年で大きな財産を築いたことを、アダム・スミスは指摘

　7　大塚久雄『株式会社発生史論』（大塚久雄著作集　第一巻）岩波書店、1969、pp. 506-507。

　8　大内兵衛／松川七郎訳、アダム・スミス『諸国民の富4』岩波書店、p. 92。
　　原文では次のようになっている。
　　"Negligence and profusion, therefore, must always prevail"
　　Adam Smith, op. cit., p. 741.

している[9]。株式会社の経営者を「怠慢であり、浪費家」と考えたのも無理はない。

アダム・スミスは、株式会社が環境の変化に対応できないことを指摘し、株式会社を成功裡に営むためには、排他的特権が必要とした。さらに、排他的特権なしで成功しうる事業は「そのあらゆる活動を日課に還元してしまえる事業、つまりそういう活動をほとんどまったく変更する余地のない、形にはまった方法に還元してしまえる事業だけである[10]」として次の4つの事業を挙げている。

　　第1：銀行業
　　第2：火災、海難および戦時捕獲に対する保険業
　　第3：航行可能な掘割、または運河を開設したり維持したりする事業
　　第4：大都市への給水と、これと類似の事業

アダム・スミスが排他的特権なしでも成功裡に営むことができるとした4業種の現状を見てみよう。銀行については我が国の銀行法4条が、保険については保険業法3条が、事業者に内閣総理大臣の免許を受けることを求めている。排他的特権が与えられ、経営している。

運河にとって代わった道路は、排他的特権を持つ行政が経営している。給水事業も、同様に行政が経営している。株式会社を社名に冠していても免許制度や法律に守られ、競争に曝されることのない地域独占、あるいは

9　同書、p. 98。
　　ibid, p. 745.
10　同書、p. 116。
　　原文では次のようになっている。
　　"The only trades which it seems possible for a joint stock company to carry on successfully, without an exclusive privilege, are those, of which all the operations are capable of being reduced to what is called a Routine, or to such a uniformity of method as admits of little or no variation."
　　ibid, p. 756.

第4章　会計を知らなかった人たち──125

寡占事業となる。

　アダム・スミスは、株式会社に適するのは業務内容が定型化した事業であるとしたが、経営環境の変化しない事業はない。独占や寡占といった免許制による排他的特権が認められると、経営者の将来を見通す目は潰される。銀行業も保険業も、経営環境の変化に対応できなければ破綻する。経営する事業の将来を見通す目が、経営者には必要となる。商売であれば、仕入れる商品の品質や、数量、時期、あるいは店舗や店員といった事項、製造業であれば、それに加えて工場設備、内製か、外注か、工具の研修の必要性といった事項を見通す目が必要となる。

　アダム・スミスが株式会社に必要とした排他的特権は、現在も経営者の将来を見通す目を潰す。特定の地域において排他的に経営ができるという特権が与えられると、価格設定は市場によって決められるのではなく、供給に必要な費用に妥当とされる利益を上乗せして決定される。会計報告の数値が費用計算の根拠として利用される。

　排他的特権を認めた者は、その事業者の成果が低廉な費用で提供されていることを示すことで、排他的特権を与えた合理性を説明しようとする。将来発生すると見込まれる費用を織り込むことは、必要経費を増加させるので嫌われる。例えば、固定資産の利用が終了した後の除却に関わる費用である。除却の方法を提供できず、除却の費用を合理的に見積ることができないのであれば、研究室でその方法を見つけるまでは事業化してはならない。排他的特権を与えられたために将来を見通す目は、使われなくなり、開くこともなくなる[11]。

　資本と経営が分離した状態で、株主が投資した株式会社から継続して配当を受けるためには、利益を獲得する能力のある経営者なしではできない。「怠慢であり浪費家」である経営者を排除し、利益を獲得する経営者を見出すために、経営者の功績を計る会計が必要とされた。

　良い経営者を選ぶことで株主は、株式会社をコントロールする。アダム・スミスの株式会社の経営者に対する「怠慢であり、浪費家」という不

満が、会計制度の発展の要因となる。アダム・スミスが生きた頃の英国の人口は、おおよそ674万人[12]。『諸国民の富』が出版される前日、1776年3月8日にジェームズ・ワットが改良した蒸気機関が稼働する[13]。産業革命前の英国では、現在の1割程度の人口しか生活ができなかった。株主の不満も経営者に対する不安も、良い経営者を見つけ出すための会計を発展させるためには、十分蓄積されていなかった。

　資本家と経営者の分業の成果が、産業革命を発展させる。その分業を促進させるためには、能力のある経営者を見出す会社会計が必要であった。有能な経営者に資本を委ねることで、資本家は利益を源泉とする配当を受けることができる。経営者の能力を評価して売買する株式市場が機能するようになる。

　会社会計の発展を見ることができなかったアダム・スミスの見込み違いは、株式会社において株主に必要なのは、排他的特権を持つ企業ではなく、能力のある経営者であった点にある。

11　この事例に電力事業がある。原子力発電によって生じる放射性廃棄物及びガラス固化体の処分並びに廃炉に関わる費用の処理は、電力会社が決めるのではない。1981（昭和56）年の電気事業審議の中間報告から1992（平成11）年の総合エネルギー調査会の中間報告まで、放射性廃棄物の処分費用については「不確定な要素が多く、将来の費用を合理的に見積ることが困難であるため、引き続き内外の事態の推移を見極めていく」としていた。
　　電気事業審議の中間報告は、下記の資源エネルギー庁のホームページの『原子力に係る既存の引当金及び拠出金制度の概要』より
　　http://www.enecho.meti.go.jp/committee/council/electric_power_industry_sub-committee/007_001/pdf/001_004.pdf（2017年5月25日現在）
　　『総合エネルギー調査会原子力部会中間報告：高レベル放射性廃棄物処分事業の制度化のあり方』
　　http://www.rwmc.or.jp/law/file/2-11.pdf（2017年5月25日現在）
12　中村壽男訳、B. R. ミッチェル編『イギリス歴史統計』原書房、1995、p. 8。
　　本書の1776年の人口を利用した。
13　H. W. Dickinson, *James Watt : Craftman and Engineer*, A. M. Kelley, 1967, p. 90.

第2節　会計を知らなかったマルクス

　1961年4月27日の米国新聞発行者協会（American Newspaper Publishers Association）で、第35代大統領（1961–63）J. F. ケネディ（J. F. Kennedy, 1917–63）は、記事の寄稿者に適切な対価を払うことの重要性をマルクス（Karl Heinrich Marx, 1815–83）の名を挙げて語った[14]。

　マルクスの父はプロイセンのユダヤ人弁護士であったが、後にユダヤ人は公職に就けないという理由からキリスト教に改宗する。マルクスは、プロレタリアの子弟ではなく、ブルジョアの子弟であった。マルクス自身は、23歳（1842年）の時に法学博士の学位を得たものの、「無神論者[15]」を嫌った文部大臣の影響でボン大学での講師の口を失う。

　マルクスの困窮生活が始まる。25歳の時にヴェストファーレン男爵の娘イエニーを妻としたマルクスは、1849年に政治的亡命者としてイギリスに渡り、ロンドンでジャーナリストとしての生活を始める。1801年のロンドンの人口は96万人であったが、人口流入により、マルクスが亡命した頃は3倍近い270万人の人が住むようになる。

　アダム・スミスは、1776年に製造業者には「余暇が全くない」と指摘した[16]。産業革命はこの状態を加速することになる。「徒弟の健康および道徳に関する1802年法[17]」は、徒弟の1日の労働時間を12時間に制限し、読み書き算盤を教え、1台のベッドを占有させよ、とした。当時の徒弟の就労形態は、1日の労働時間が12時間以上であり、教えられる機会がないた

14　https://www.jfklibrary.org/Research/Research-Aids/JFK-Speeches/American-Newspaper-Publishers-Association_19610427.aspx（2016年12月12日現在）
15　マルクスが学位論文の序文として準備した原稿には「私はすべての神々を悪む」とあった。石上良平訳、E. H. カー『カール・マルクス：その生涯と思想の形成』未來社、1969、p. 28。
16　大内兵衛／松川七郎訳、アダム・スミス『諸国民の富　4』岩波書店、1966、p. 16。
17　大前朔郎訳、B. L. ハチンズ／A. ハリソン『イギリス工場法の歴史』新評論、1976、p. 16。

めに読み書き算盤はできず、1台のベッドを複数人で利用していたことを推測させる。

都市に流入した人々は、工場労働者となった。徒弟の規定の対象ではないので、労働者にはこの法律は適用されない。1815年の段階で現場の紡績工は、作業の補助をする児童を雇入れることができた。雇入れに際しては、高い賃金を要する年長の児童よりも低い賃金で働く年少の児童を多く雇った。7歳の児童が、1日13時間または14時間の労働をすることがあった[18]。

ロバート・オウエン（Robert Owen, 1771-1858）は、自身の工場では10歳未満の児童を雇用せず、1日10時間労働の実現に1819年から奔走する[19]が、形式的にでも1日10時間の労働と定められるのは、1847年である。

下水道の整備されない人口の密集する住宅街では、コレラ、チフス、結核といった伝染病が蔓延していた。1851年に発行された週刊誌には「Dirty Father Thamse」と題して、下水が流れ込み、どろどろに汚れ悪臭を放つテムズ川が風刺されている[20]。1834年、救貧法が制定される。その内容は、全国一律の劣等処遇の原則、労役場への強制収容の原則で[21]、貧乏人を無用の長物とするものであった[22]。

多くの家庭が貧困に苛まれる[23]。マルクス一家も例外でなかった。マルクスは二男四女に恵まれるが、長男は8歳で、次男と三女は1歳になるかならないかで亡くなっている。1851年のエリー運河流域の大工の日当は、1.5ドルであった[24]。マルクスの定期的な収入は『ニューヨーク・トリビ

18　同書、p. 24。

19　同書、pp. 21-24。
　　ミーゼスは、人口が密集するロンドンについて「それ以前は死んでいたはずの無数の子供たちが生き残って成年男女となった」点を指摘している。
　　村田稔雄訳、L. v. ミーゼス『自由への決断』自由経済研究所、2014、p. 5。

20　松村昌家編『『パンチ』素描集：19世紀のロンドン』岩波書店、1994、pp. 120-141。

21　小沼正『貧困』東京大学出版会、1989、p. 205。

22　松村昌家編、前掲書、p. 20。

23　米川伸一／原剛訳、J. ラングトン／R. J. モリス編『イギリス産業革命地図』原書房、1989、p. 20。

24　斎藤眞／鳥居泰彦監訳、合衆国商務省編『アメリカ歴史統計 I』原書房、1986、p. 164。

第4章　会計を知らなかった人たち──129

ューン』への1週間に2回の寄稿で、その寄稿も掲載されたら支払われるという1編5ドルの原稿料であった。2編とも掲載されれば10ドルを手にすることができる。大工が週5日働いて手にする9ドルと大差はない。マルクスの主な資金の調達手段は、「金貸しや友人から借金をすること、でなければ質屋通い[25]」であり、最も貢献したのはエンゲルス（Friedrich Engels, 1820-95）の支援であった[26]。

　2歳年下の裕福な紡績業者の家に生まれたエンゲルスは、1842年からイギリス・マンチェスターのエンゲルス商会で父の命により働くようになる。エンゲルスは生活費の面倒だけでなく、『ニューヨーク・トリビューン』の代筆もし、マルクスに簿記も教えた。

　1832年に発刊されたチャールズ・バベッジ（Charles Babbage, 1792-1871）の『機械及び諸工場の経済について（On the economy of machinery and manufactures）』は、当時のミリオンセラーであった。マルクスもこの本を読んでいたようで、バベッジが5年とした機械の更新期間[27]の実際を1853年にエンゲルスに尋ねている[28]。

　「私有財産の廃絶[29]」をすることで共産社会を実現しようとしたマルクスもエンゲルスも、分業を敵対関係としてとらえていた。エンゲルスからマルクスへの1851年4月3日の書簡で、家計と家業が分離した状態を、「企業としての、営利者としての商人と、消費者としての同じ商人とは、

25　石上良平訳、前掲書、p. 123。

26　同書、pp. 159-160。
　『ニューヨーク・トリビューン』への寄稿は1851年から1862年まで続くが、マルクスの英作文には、エンゲルスの協力が必要だった。

27　Charles Babbage, *On the Economy of Machinery and Manufactures*, A. M. Kelley, 1971, p. 285.
　バベッジは、機械式の計算機の開発や原価計算の基礎を築いた。

28　エンゲルスは、実際の利用は13年ほどだ、と応じている。
　大内兵衛／細川嘉六監訳、ドイツ社会主義統一党中央委員会付属マルクス＝レーニン主義研究所編集『マルクス＝エンゲルス全集　第29巻（往復書簡）』大月書店、1972、pp. 230-231。

29　堺利彦／幸徳秋水訳、カール・マルクス『共産党宣言』（青空文庫）
　http://www.aozora.gr.jp/cards/001138/files/47057_57486.html　2017年2月10日現在
　この一文は「第二章　プロレタリヤと共産主義者」にある。

商業では2つのまったく違った人であって、両者は互いに敵対的に対立している[30]」としている。

　家業を家計から分離することで、才能のある他人が、経営に参加できるようになる。交換は、自分の持っていない他人の資産や能力を利用することにほかならない。敵対ではない。共生である。家業を家計から分離することで他人との協業を容易にする利点をエンゲルスは考慮していない。

　マルクスは、1867年（49歳）に完成した主著『資本論』で資本家が、資本を引出すのを資本家が私的消費のために「資本蓄積から盗み取ることを意味する[31]」と表現している。

　複式簿記は、取引を目的と結果に分け、これを同一の貨幣額に評価して記録する。記録の対象となる取引をアダム・スミスは、「私の欲しいものを下さい。そうすればあなたの欲しいものをあげましょう」と定義した。取引は相互の合意に基づいておこなわれる。敵対関係を前提にするのではない。

　共産主義者の理論を「私有財産の廃絶」としたマルクスだが、その一方で、『資本論』では簿記を「資本主義的生産様式の止揚後も、しかし社会的生産が維持されていれば、価値規定は、労働時間の規制、およびさまざまな生産群のへの社会的労働の配分、最後にこれについての簿記が、以前よりもいっそう不可欠なものになるという意味で、依然として重きをなす[32]」としている。

　マルクスにとっての会計は、「取引の記録と報告」にすぎなかった。

　私有財産を否定すると、記録の対象である取引自体が消えていく。マルクスは、何が人々を豊かにするかは知らなかった。

30　同上『マルクス＝エンゲルス全集　第27巻（往復書簡）』大月書店、1971、p. 198。

31　資本論翻訳委員会、カール・マルクス『資本論　第4分冊』新日本出版社、1983、pp. 1016-1017。

32　資本論翻訳委員会、カール・マルクス『資本論　第13分冊』新日本出版社、1989、p. 1490。

第3節　会計を抹殺した伊藤博文

　明治政府は、西洋式の複式簿記を採用するのにも先進的であった。

　その中心にあったのは、渋沢栄一（1840〔天保11〕-1931〔昭和6〕）である。渋沢は、埼玉県深谷市の豪農の子として生まれ、1863（文久3）年に一橋慶喜に仕える。勘定組頭として一橋家の領地であった兵庫の年貢米の売捌き方法を改善し、播州の木綿の生産販売を増やし、財政改革をおこなう[33]。慶喜が1868（慶応3）年に将軍となった後、パリでおこなわれる万国博覧会に派遣される慶喜の弟昭武の随員として渡航。大政奉還の報にパリで接し、帰国する。

　渋沢は朝敵に仕えた身であったが、1869（明治2）年に大隈重信に見出され、大蔵省に出仕する。大蔵省内に改正係を置き、適材を発掘しながら殖産興業に努める。電信を整備し、鉄道を敷設し、富岡製糸場を建設。幼少期に生糸を商っていた渋沢は、富岡製糸場の設計監督にあたったが、渋沢は、明治の製糸業の盛起は「民間製糸業の独立独行」により実現したものであり、「官の保護に依て出来た者は皆潰れて仕舞つて今日其の影だに止めざる」と指摘している[34]。

　大蔵省で渋沢が腐心したのは、歳入の額を把握し、それを基準に各省に予算を割当てることであった。「入るを量りて出ずるを為す[35]」を実践しようとした[36]。このために渋沢は、1871（明治4）年に複式簿記の導入を

33　小貫修一郎篇『青淵回顧録　上』青淵回顧録刊行会、1927、pp. 88-89。

34　明治42年1月に発行された「大日本蚕糸会報」第200号に所収された「余の蚕糸業に対する経歴及希望」と題された渋沢の論文「今日の蚕糸業は如何にして発達したるか」にある。
　　渋沢青淵記念財団竜門社『渋沢栄一伝記資料　第2巻』渋沢栄一記念財団、2016、p. 519。
　　本書は下記のサイトに掲載されている。
　　https://eiichi.shibusawa.or.jp/denkishiryo/digital/main/index.php?cmd=read&page=DK020134k_text&word=余の蚕糸業に対する経歴（2017年9月24日現在）

開始する[37]。このことを渋沢は、「それから簿記法の調査も出来たが、即ち今諸官省で用ゆる簿記法の要領もその時に定められた[38]」と語っている。均衡財政を維持することを急務とする渋沢は、1873（明治6）年5月6日、軍事費を求める大久保利通と対立し、官職を辞するとともに財政意見書を奏上している[39]。

渋沢が企画した歳入歳出見込会計票は、同年6月9日に公表される[40]。複式簿記は、1871（明治4）年に大坂造幣局を開設した際に雇入れたブラガ（Vincent E. Braga, 1840-1911）によって導入された複式簿記を皮切りに、明治8年2月よりブラガが「簿記計算法取調方」として、各省庁の複式簿記導入を指導する。1876（明治9）年9月には、大蔵省出納条例により、「凡ソ計算ニ関スル帳簿並記載法ハ総テブックキーピングニ従ヒテ之カ規則ヲ立ツヘシ私ニ之ヲ改竄スルヲ得ズ[41]」とされ、複式簿記が全面的に導入される。

全面的に導入された複式簿記が、旧来の予算の差引を中心とする記録に戻るのは1889（明治22）年の帝国憲法とともに制定された会計法による。現金出納は日本銀行におこなわせ、支払の命令を官庁がおこなうという会計事務の分立の原則により、支払命令は予算超過でないことを確認すればよし、とされた[42]。

手書きと算盤によって記録する時代の複式簿記の採用となると、仕訳か

---

35 「量入以為出」の言葉はあるべき政治を記した『礼記』の「王政」にある。歳入が確定した後に費用を定め、蓄えを怠ってはならないとしている。
　竹内照夫篇『礼記 上』明治書院、1970、pp. 197-198。

36 渋沢栄一『日本人の自伝 1 雨夜譚』平凡社、1981、p. 332。

37 渋沢栄一『論語と算盤』国書刊行会、1985、p. 50。

38 渋沢栄一『日本人の自伝 1 雨夜譚』平凡社、1981、p. 332。

39 この意見書は井上馨と共に提出された。当時の歳入は4,000万円、歳出は5,000万円、負債は14,000万円と記している。
　明治ニュース事典編纂委員会『明治ニュース事典 1』毎日コミュニケーションズ、1984、pp. 251-253。

40 小貫修一郎篇　前掲書、p. 17。

41 小峰保栄『財政監督の諸展開』大村書店、1974、pp. 35-36。

42 同書、pp 37-38。

ら決算書の作成には膨大な人手を要することになる。しかし、複式簿記が廃されたのは、膨大な手間を嫌ったからだけではなかった。

　自由民権運動に抗えなくなった政府は、憲法の制定の準備を始める。伊藤博文（1841〔天保12〕-1909〔明治42〕）等をヨーロッパに派遣し、憲法の調査をさせる。伊藤は、1882年（明治15）年3月14日に日本を出発、5月2日、ナポリに到着。16日、ドイツがプロイセンと呼ばれた頃のベルリンに入り、グナイスト（Rudolf von Gneist, 1816-95）やモッセ（Albert Mosses, 1846-1925）に憲法草案作成の助言を求める。

　大正デモクラシーを指導した吉野作造（1878〔明治11〕-1933〔昭和8〕）が1921（大正10）年に発見した『西哲夢物語』[43]から、グナイストが伊藤らに教えた内容を伺うことができる。グナイストは、外交・兵制・経済の三つの事項については議会に口を挟ませるべきではない、と伊藤博文を指導する[44]。グナイストは、会計が君主でさえも議会の奴隷とする力を持っていることを知っていた。

　1850年に欽定公布されたプロイセン憲法の第104条では、内閣に自己の行為が正当であったことを説明する会計責任があるとし、会計検査院が国の決算を確定した後で、両院に「政府ノ責任解除ヲ受ケルタメ」として、議会へ決算を提出する目的を明確にしていた。政府の決算の説明に議会が承諾できなければ、内閣や担当する大臣の不信任につながる。決算を承諾することで、稚拙な予算執行を防ぐことが期待される。

　グナイストは、大日本帝国憲法ではこの条文を「削ル可シ」とする。伊藤博文は、これに従いプロイセンの憲法第104条を写した大日本帝国憲法第72条の条文から「政府ノ責任解除ヲ受ケルタメ」の決算を審議する目的を削除し[45]「國家ノ歳出歳入ノ決算ハ會計検査院之ヲ検査確定シ政府ハ其

43　獨協大学の堅田剛教授はこの文書を明治19年にグナイストの許を訪れた伏見宮貞愛に随行した大森鐘一によるものとしている。
　　堅田剛「ルドルフ・フォン・グナイストの憲法講義」『獨協法学』第81号、2010、p. 66。
44　稲田正次『明治憲法成立史』有斐閣、1960、p. 571。

ノ検査報告ト倶ニ之ヲ帝國議會ニ提出スヘシ」となる。

伊藤博文は、大日本帝国憲法を解説する『帝国憲法義解[46]』を著す。会計検査院の検査には期前検査と期後検査の二つがあること、会計検査院の検査が出納官の責任の解除をするにとどまることを解説し、それ以上の説明はしない。手本としたプロイセン憲法にあった内閣の会計責任には一切ふれていない。伊藤博文は、1885（明治18）年、日本最初の総理大臣となる。第2次伊藤内閣の1893（明治26）年10月26日には、政府は決算を議会に報告するにすぎない、決算に議会の承諾は必要ないと閣議決定する[47]。

国会における決算の審議は、国民から徴収した税を使う内閣あるいは担当大臣を、決算という結果により評価する機会である。伊藤博文はグナイストの教えをよく守り、議員が財政について口を挟む機会をなくした。会計責任は、抹殺された。

戦争に負けた日本で、1947（昭和22）年5月3日、大日本帝国憲法に代わって日本国憲法が施行される。伊藤博文が弥栄（いやさか）に腐心した天皇の主権は国民に移った。主権者は、権力を委ねる議員を選ぶことができるようになった。公務員を罷免する権利も15条で保障された。

伊藤博文が抹殺した会計責任が復活すべきは、この時であった。「政府ノ責任解除ヲ受ケルタメ」の決算を審議する目的を大日本帝国憲法第72条に相当する日本国憲法第90条では、「国の収入支出の決算は、すべて毎年会計検査院がこれを検査し、内閣は、次の年度に、その検査報告とともに、これを国会に提出しなければならない」となった。文語であった表現を新憲法では口語化しただけである。

新憲法制定当時、内閣法制局次長であった佐藤達夫は、「どっちでもいいようなことは、明治憲法の形をそのまま」で、「ほとんど御議論なしに確定してしまった[48]」と、その時の模様を伝えている。抹殺された会計責

45　小峰保栄、前掲書、pp. 87-105。

46　本書は、国立国会図書館デジタルコレクションで閲覧できる。

47　伊藤博文編『秘書類纂 帝国議会資料 上巻』秘書類纂刊行會、1934、pp. 154-159。

任は、復活しなかった。

第4節　会計を知らなかったレーニン

　マルクスは、労働者を機械の付属物であると見なしていた。熟練工のする複雑な仕事は、単純で単調で、習得も容易な作業に分解されることを『共産党宣言』で予想し、熟練工の仕事が単純労働に分解されると、その仕事は賃金の安い女子や子供の労働に置き換わるとした[49]。

　ヘンリー・フォード（Henry Ford, 1863-1947）は、熟練工だけが為しえた複雑な仕事を単純で単調で、習得も容易な作業に分解した。T型フォードは、大量生産される。1908年の発売時には825ドル[50]であった販売価格は、1913年のベルトコンベア方式の採用により1914年には440ドルになる。発売開始からの出荷台数は55万台となり、そのほとんどが1914年においてもなお実際に走行していた[51]。

　製造工程の仕事は、習得の容易な単純作業に分解された。単純労働を嫌って離職者が増え、人手不足となる。このためフォードは、1914年1月6日、日給をそれまでの2.5ドル[52]から倍額の5ドル[53]にする。大量生産を支えるためには、大量の消費者が必要であった。同じように大量の労働者が

48　第34回国会衆院決算委員会（1960年4月20日）議事録。国会議事録検索システムから入手できる。

49　幸徳秋水全集編集委員会編『幸徳秋水全集　第5巻　共産党宣言』「第1章　ブルジョアとプロレタリヤ」明治文献資料刊行会、1982、p. 420。

50　Allan Nevins, *Ford: The Times, the Man, the Company*, Arno Press, 1976, p. 388.

51　ibid, p. 511.

52　ibid, p. 525.

53　ibid, p. 533.
　この発表で、フォードの工場には1万人の労働者が職を求めて集まった、と1914年1月6日のThe Detroit は伝えている。
　Ed Cray et al, *American Datelines*, University of Illinois Press, 2003, p. 145.

必要となり、希少となった労働者には、高い賃金が支払われるようになる。

　マルクスが予想した男子の労働が、賃金の安い女子や子供の労働に置き換わることはなかった。亡命者マルクスを迎えたロンドンは、流入した多くの人々であふれかえっていた。マルクスがプロレタリアと呼んだ労働者に、希少性を見出すことは困難であった。マルクスの予想は、外れる。

　1886年に走り出した自動車[54]が、フォードの大量生産によって多くの人に供給されるようになる。贅沢品であった自動車が、生活必需品となる。生産を担当するプロレタリアも所有する。自動車産業において労働者も豊かになるのには28年の歳月が必要だった。

　ウラジーミル・レーニン（Vladimir Ilyich Lenin, 1870-1924）は、マルクスの継承者とされる[55]。レーニンは、物理学を教授し、後に貴族の称号を得る父と医師の娘を母としてボルガ川の河畔の町ウリヤノフスクに生まれる。レーニンもまた、プロレタリアの子弟ではなく、ブルジョアの子弟であった。

　レーニンは1885年、14歳の時に兄アレクサンドルから与えられた『資本論』を初めて読む。この兄は、1887年にテロリストとして処刑される。

　1895年、社会民主主義の集会にスイスへ派遣されたのを機にレーニンは、ベルリンやパリにも滞在する。帰国するとペテルブルクに革命的マルクス主義サークル「闘争同盟」を組織するが、12月にその本部で逮捕され、シベリアのレナ川辺りに流刑となる[56]。1900年に刑期が終わり、スイスでの亡命生活を始めるが、その生活費は、母からの仕送りであった[57]。

54　山本武信『ベンツの興亡』東洋経済新報社、1998、pp. 47-48。
　　カール・ベンツ（Karl Friedrich Benz, 1844-1929）が製作した「ベンツ・パテント」と呼ばれる最初の三輪車自動車が、1886年1月29日にドイツ帝国の特許を受ける。7月3日に処女走行をおこなう。この時の時速は16km。1888年8月にカールの妻ベルタ婦人が、102kmの距離を息子二人と走行し、自動車が欧州で知られるようになる。

55　例えばH. ルフェーヴルが挙げられる。ルフェーヴルは、スターリン、中国の毛沢東、ユーゴスラヴィアのチトーをレーニンの後継者としている。
　　大崎平八郎訳、H. ルフェーヴル『レーニン：生涯と思想』ミネルヴァ書房、1963、pp. 1-4.

56　同書、p. 85-87。
　　この時まだ存命であったエンゲルスには面会できなかった。

1917年の二月革命にニコライ2世を廃し、十月革命により11月7日にボリシェヴィキ（1918年ロシア共産党と改称）の党首を務めるレーニンは、ソビエト政府を樹立する。

　マルクスの後継者レーニンは、「大衆のいきいきとした創造力」に期待して交換に供されるすべての品物を記帳することを求めた。社会主義においては、「なによりもまず記帳（уЧm）である[58]」と、その重要性を指摘した。マルクスは、労働者と資本家の対立を中心にして共産主義を検討した。レーニンの率いるボリシェヴィキを支えたのは、都市のプロレタリアートであった。工業化の遅れていたロシアでは、都市のプロレタリアートだけでは多数を構成できない。1861年、農奴制が廃止されたが、農民は自由を買い戻すために20億ルーブルを地主に支払わなければならなかった[59]。農奴は「貧農」と名を変える。

　レーニンは1903年の著作『貧農に訴える』でロシアには、1000万戸の農家があり、そのうち650万戸は馬も所有しない貧農であるとした[60]。レーニンは、貧農をプロレタリアートに加える。都市のプロレタリアートに650万戸の農家が加わり、ソビエト政府の独裁を支えた。しかし、都市の労働者と、広大なロシアの大地を耕す農民の利害は一致しない。

　レーニンは、「ロシアには穀物、鉄、木材、羊毛、綿花および麻が、すべての人に十分ある[61]」ので、その分配をすれば問題は解決すると考えて

57　岩上安身『あらかじめ裏切られた革命』講談社、1996、p. 304。
　　レーニンは1892年から1年ほどサマラ市で弁護士をしている。
　　大崎平八郎訳、前掲書、p. 82。
58　マルクス＝レーニン主義研究所訳、ソ同盟共産党中央委員会付属マルクス＝エンゲルス＝レーニン研究所編『レーニン全書　第26巻「全ロシア中央執行委員会の会議」』大月書店、1968、p. 293。
　　森章は、『ロシア会計の歴史と現代』（大月書店、2002）で「記帳」と訳された "уЧm" は、「記帳、計算、広義の会計を意味する」としている（p. 185）。
59　大崎平八郎訳、前掲書、pp. 41-42。
60　レーニン全集刊行委員会訳、レーニン『貧農に訴える』大月書店、1954、p. 33。
61　マルクス＝レーニン主義研究所訳、ソ同盟共産党中央委員会付属マルクス＝エンゲルス＝レーニン研究所編『レーニン全書　第26巻　「競争をどう組織するか？」』大月書店、1968、p. 420。

いた。このため「物資の生産と分配の全国的な簿記、全国的な記帳」を社会主義の骨格であるとした[62]。また、レーニンは、共産主義においても、人とは異なった才能を持つ人が、それぞれの才能を発揮して品物を作り得ると想定した。最初に創造する者は、「もみくちゃにし、おしつぶし、しめころ[63]」されたとしても創造をする。農民や労働者の範疇にかかわらず、あるいは資本の有無にかかわらず、「その能力をのばし[64]」「発揮する可能性[65]」を創り出すことを期待した。

ロシア革命が起きた当時のロシアの農村部の市場は、神農が民に教えた市のようであった。いくつかの道が交差し、河川の交わる場所に市が開かれる村（バザール村）がある。市に参加する人々は、日の短い冬の日でも往復ができる12kmくらいの距離にある村落からやってくる[66]。この村で週に1回か2回の市が立ち、農民の日常の需要に応えた。農民の生活を支える農具や家具や、食器の類いは地域の農民による小工業（クスターリ工業）が供給していた[67]。

レーニンは、「富農は、ソヴェト権力の仇敵である」「これらの富農にたいして容赦なくたたかえ！[68]」と檄を飛ばしたが、クスターリ経営の多くの部分は「富裕でない層」とされた。ロシア革命直後の1919年の布告では、「クスターリ工業も決して公有化、国有化、没収も蒙ることがない[69]」とした。

62　同上『レーニン全書 第26巻 「ボリショイビキは国家権力を維持できるか？」』大月書店、1968、p.96。

63　同上『レーニン全書 第26巻 「競争をどう組織するか？」』大月書店、1968、p.415。

64　同書、p.415。

65　同書、p.415。

66　奥田央『ソヴェト経済政策史：市場と営業』東京大学出版会、1979、pp.1-2。
クスターリ工業の製品として次のようなものを挙げている。「家具や桶、錠前や鍛冶による製品、陶器、皮革製品、靴、さらに売買されるのは、馬、野菜、果実、手織りの粗布、屠殺された羊、皮革、羊の生皮、毛、馬毛」

67　奥田央、前掲書、pp.4-5。

68　同上『レーニン全書 第28巻「労働者の同志諸君！　最期の決戦にすすもう！」』大月書店、pp.47-48。

69　奥田央、前掲書、p.20。

第4章　会計を知らなかった人たち──139

レーニンは、ドイツと講和を果たし、第一次世界大戦から抜け出すが、臨時全ロシア政府最高執政官アレクサンドル・コルチャーク（Alexander Kolchak, 1873-1920）の率いる白軍との内戦は継続していた。政府は、1919年1月から、割当徴発制度を遂行する。予め政府が農民経営の「余剰」を決定し、これを調達するという農民からの没収のシステムであった[70]。さらに都市の労働者の支援を背景とする共産党（1919年にボリシェヴィキは共産党に改称する）は、クスターリに対して家屋内での生産を禁じ、共同の作業場に集め、8時間労働制[71]を導入しようとした[72]。

コルチャークの処刑により赤軍と白軍との内戦は終了する。農村のクスターリ工業は壊滅状態となっていた。木材加工は戦前の一割にまで減少し、サモワール、ナイフ、フォークなどの生産が完全に停止する。羊毛の加工や、靴の生産も縮小した[73]。

1921年3月21日、全ロシア中央執行委員会が布告により、市やバザールでの交換を認める布告を手始めに、新経済政策（NEP：New Economic Policy）が始まる。その交換は、農民が税を支払ってもなお余剰を持ち、国家が定めた交換比率で農民にとって必要な工業製品と交換し、それが地域的流通の枠内でおこなわれるという前提であった。国家が定めた交換比率は、需要者である農民に拒否され、期待したほどの交換はおこなわれなかった[74]。

レーニンは、1922年2月1日の手紙で「トラストや企業が経済計算制を基礎としているのは、それら自身でそれらの企業が欠損しないことに責任をもち、しかもまったく責任をもつためだ[75]」とし、トラストや企業に

---

70 同書、p. 20。

71 8時間労働と地主の土地の没収は、プロレタリアート独裁政権の要の政策であった。

72 同書、p. 14。

73 同書、p. 17。

74 同書、pp. 71-72。

75 これができないのであれば「われわれはまったくのばかものということになる」とも書いている。

『レーニン全書 第35巻 「財務人民委員部へ」』大月書店、1960、p. 603。

「実務的、商人的な方法で自分の利益を完全に確保すること」を求め、それができなければ「管理部全員は長期の自由剥奪と全財産の没収といった罰を受けるべきだ[76]」とする。また同年2月15日には、委任代表が「委託された企業のあるいは地域に於ける商業取引に比例して利益配当を受けとる」ことを提案している。

　1922年3月頃からレーニンは執務できなくなる。指導力が衰えた1923年1月4日、レーニンは、「商売さえすれば商人になれる」のではなく、「商人になれる能力[77]」が必要であるということに気づく。生産と分配のための「取引の記録と報告」では、生産のための適材を見出すことはできない。レーニンのソビエトにおいても必要であったのは「記録」としての記帳ではなく、任せた仕事の功績を計る「会計」であった。

　プロレタリアートの独裁を志向したレーニンは、多くの反対者を、兄がされたように処刑し、自らが流刑にあったようにシベリア送りにした。1918年8月には、ペンザという地域で反抗した富農に対して、ボリシェヴィキに「少なくとも100人の名の知れた富農、金持ち、強欲非道者をつるし首にせよ[78]」と電報で指示している。レーニンに反対する者は悉く流刑にされ、追放され、処刑された。1924年にレーニンが亡くなる。ソビエトを初めとする共産国家に残されたレーニンの後継者を語る権力者に「会計」への気付きはなかった[79]。

76　同書、p.605。

77　この頃のレーニンは脳卒中と診断され、口述筆記によって意思を伝えていた。
　　『レーニン全書 第33巻 「協同組合について」』大月書店、1968、p.491。

78　白須英子訳、ドミートリー・ヴォルコゴーノフ『レーニンの秘密（上）』日本放送出版協会、1995、p.131。

79　鄧小平が開放政策をとっていた1984年に『中国会計発展史綱』を著した郭道揚も会計行為を「計量・記録行為」として捉えている。
　　津谷原弘訳、郭道揚『中国会計発展史綱』文眞堂、1988、p.3。
　　また、「計量と記録」を会計と呼ぶようになったのを西周（B.C.1046-771）の頃としている。
　　同書、p.44。

第5節　会計を知らなかったケインズ

　ケインズ（John Maynard Keynes, 1883-1946）は、1925年8月の自由党での講演で資本主義経済の要が経営者の指導力にあるとし、世襲制が資本主義を衰頽させるとした[80]。封建制から継承した世襲制により、経営を委ねるに足る経営者を見出すことを困難にしていると指摘。世襲制は、適材適所を実現できない。さらに、繰り返される恐慌の原因を「危険と不確実性と無知の所産である」とし、「大企業も、しばしば富くじのようなものだ」と言っている。英国で貸借対照表の公開が会社法により求められるのは1928年。株主や投資家に企業の財政状態を明らかにする会計情報の提供はなされていない。ケインズは、人々の無知を取り除くために、企業の事業状況に関する公開が必要であることを1926年の論文「自由放任の終焉」で記している[81]。

　ケインズは、1936年に公刊した『雇用・利子および貨幣の一般理論』の1章として「有効需要の原理」を割り当てている。アダム・スミスが「人々がその商品の自然価格を喜んで支払う需要[82]」と定義した有効需要を、ケインズは以下の要素から構成されると示した[83]。

80　宮崎義一訳、M. ケインズ『説得論集』東洋経済新報社、1981、p 359。
　　1925年の自由党夏期学校の講演を基にした「私は自由党員か」にある。加えて、世襲制は封建制から継承されたとしている。
81　同書、p 349。
　　この文章は1924年11月のオックスフォード大学、および1926年6月のベルリン大学での講演を基にし、1926年7月に出版された。
82　大内兵衛／松川七郎訳、アダム・スミス『国民の富　1』岩波書店、1965、p.204。
83　John Maynard Keynes, *The General Theory of Employment, Interest and Money*, 1936, p. 63.
　　塩野谷九十九訳、M. ケインズ『雇傭・利子および貨幣の一般理論』東洋経済新報社、1941、p. 78。

$$\text{income}=\text{value of output}=\text{consumption}+\text{investment}$$
$$（所得＝産出物の売価＝消費＋投資）$$

　この等式を簡略して表記するのに、所得（income）が投資（investment）と重複することを避けて所得（income）をY（yield）とし、ケインズが投資に含めて議論した政府支出を独立させてG（government）として、次のように示すようになった。

$$Y=C+I+G$$

　消費C（consumption）は、企業の売上金額[84]と同値となる。市場には、生産者の功績である商品が並べられている。需要者は、生産者の功績を手に取り、その効用を計る。会計をおこなう。その効用が対価を上回るのであれば取引は成立し、上回らなければ取引は成立しない。

　消費に際しておこなわれる会計には二つの側面がある。一つは、消費者が初めてその商品を購入する場合である。購入に際して商品を手に取って吟味しても、商品の価値は使い切るまで分からない。まして生産者が新たに市場に投入した商品となると、最初にその商品を購入するのは、先見の明があるか、現行の商品に不満があるか、あるいは物好きである。二つ目の場合は、消費者が反復して商品を購入する場合である。この場合、消費者は、その商品の効用を把握しており、適切な会計の結果として再度の購入をする。「ありがとう」の連鎖が始まる。

　ケインズは、英国での会計情報開示の必要性を説いたが、米国においても株主や投資家に対する会計情報の提供が不十分な状況は同じであった。ケインズが『雇用・利子および貨幣の一般理論』を発刊した同じ年にアメリカ会計学会が『株式会社報告書に関する会計原則試案（A Tentative Statements of Accounting Principles Affecting Corporate Reports）』を公表

84　同書、p.68。

する。株式会社は、「資本を提供してください。そうすれば儲けて利益を配当します」という約束で設立される。集められた資本は、利益ではない。株主に対する配当の原資とはならない。経営者に預けられた資本は経営者のものとして、株主のために獲得された利益は株主のものとして表示する「資本剰余金と利益剰余金を区分しなければならない」ということが認識され始めた時であった。私有財産制が、剰余金の表示にも反映されようとし、会計士が監査において従うべき会計原則が必要だとようやく理解され始めた時期であった。株主には、良い経営者を見出す会計情報はまだ提供されていなかった。投資Ｉ（invesement）には、会計がおこなわれていなかった。

　1929年の大恐慌は、米国のGNPを30％下落させ、およそ9,000の銀行が倒産へと追い込まれた。失業者数は1,283万人、失業率は24.9％までに拡大する[85]。善良な経済学者であった[86]ケインズには、完全雇用実現のためには「ピラミッド建造も、地震も、戦争でさえ」合理的であり、その支出を補填する「浪費的な」公債支出（loan expenditure）でも結局、社会を富ましうる[87]」のであった。1933年に就任したルーズベルトは、政府支出を歳入の範囲に留めることなく拡大した。不況対策の一つとして定められた全国産業復興法（National Industrial Recovery Act, 略称NIRA）は、失業対策として高賃金を強制し、最低価格や生産量や労働条件の均一化を企業に同意することを求め、公共投資を増やした。NIRAと同じ年に定められた農業調整法（Agricultural Adjustment Act, 略称AAA）は、農業生産を制限し、農家の所得保障をおこない、計画に従った生産を求めた[88]。ルー

85　1933年の失業率である。
　　斎藤眞／鳥居泰彦監訳、合衆国商務省編『アメリカ歴史統計　Ｉ』原書房、1986、p. 135。

86　ケインズは、1919年に終結した第一次大戦の講和のためにヴェルサイユに大蔵省の代表として派遣される。ケインズはドイツの支払能力を遥かに超える巨額の賠償請求に失望し、会議途中で帰国する。
　　塩野谷九十九訳、R. F. ハロッド『ケインズ伝』東洋経済新報社、1967、pp. 263-287。
　　ナガイケイ『飛んでるケインズ』富士書房、1983、pp. 24-25。

87　塩野谷九十九訳、前掲書、p. 155。

ズベルトは、計画経済による不況脱出を試みた。政府支出 G (government expenditure) が企業の生産に加えられ、増加する。政府支出 G の増大は、納税者が効用を増加させることを望んでする支出の機会を奪い、富が生まれる力を市場から奪った。

　1937年から1938年にかけて再び恐慌に見舞われ、政府は救済事業を拡大する。ケインズは1938年2月1日、「政府による労働者の住宅建築への補助金の給付、失業救済、消費財需要喚起のための設備への投資」といった政策が緊急不可欠だとルーズベルトに進言している[89]。ルーズベルトはケインズに忠実ではあったが、経済はケインズに忠実ではなく、経済は回復しない。ケインズが目指した完全雇用は、戦争による動員により、1943年になって達成される。1945年の終戦時の失業者数は104万人、失業率は1.9%であった[90]。1,600万人が従軍し、40万人を超える軍人が犠牲になった。均衡財政を維持し、政府支出（G）を削減したクーリッジと比べると、「一般の福利を増進[91]」するという成果において劣る（表5　クーリッジ大統領とルーズベルト大統領 p. 168参照）。

　ケインズは、様々な政策をルーズベルトに勧めた。それぞれの政策の成果をそれぞれ計ることができれば、成果のない政策は取りやめられ、政府支出は削減され、市場の機能は回復し、恐慌もやがて終わる。戦争も回避できた。ケインズもまた、政府支出 G に会計が必要であることを知らなかった。

88　秋元英一『アメリカ経済の歴史 1492-1993』東京大学出版会、1995、pp. 176-189。
　　NIRA は1935年に違憲判決を受ける。
89　館野敏他訳、M. ケインズ『世界恐慌と英米における諸政策』東洋経済新報社、2015、
　　pp. 498-500。
90　斎藤眞／鳥居泰彦監訳、前掲書、p. 135。
91　アメリカ合衆国憲法も、その前文で憲法の目的を記述するが、この一文も目的の一つとして記
　　されている。

第5章

主権と権力の分離

1　この人で良いのか
2　主権者と権力者の約束　貸借対照表
3　主権者と権力者の約束　成果報告書
4　成果があってコスト
5　減税のちから
6　会計報告の有用性と監査
7　貨幣鋳造権の罠
8　日銀の国債引受のゆくえ
9　新しい貨幣の可能性

Laws which permit the facts to be concealed
should be ignored.

法が事実を隠すのであれば、
無視すべきである[1]。

---

1 John R. Wildman and Weldon Powell, *Capital Stock without Par Value*, A. W. Shaw, 1928, p. 68.
この文章に続いて以下の文がある。
"except as they are specific and binding.「限定的であったり強制力をもたない限り」
"Capital stock without par value"は、法の規定にかかわらず「資本金払込額を表示すべき」ことを求めた。

第1節　この人で良いのか

　孔子は、権力者にも君子であることを求めた。教育により権力者が君子となるように見込みのある王を求めて流浪した。良い教育は、良い人を増やし、悪人を減らす。専政制による統治下では、専制君主のトップダウンで改革をおこなうことが可能であった[2]。

　君子は、人の生活を助けはするが、人を犠牲にしない[3]。周（B.C.1046-B.C.256）を興した武王（ぶおう）（？-B.C.1043）は、妲己（だっき）にそそのかされ、民に重税を課した殷（いん）（B.C.17世紀-B.C.1046）の紂王（ちゅうおう）を伐（あや）める。孟子は、「紂王は仁に反し、義を蔑ろにする一夫に過ぎない。武王が伐めたのは一夫であって君を殺したのではない[4]」とする。徳のない権力者は、革（あらた）められるとした。

　ジャン・ボダン（Jean Bodin, 1531-96）は、神から王権を与えられたとする王権神授説を唱え、王が主権を持つことを正当化した。ボダンは、主権の具体的な権力としては、立法権がまず挙げられるとした。立法権は、「他人の同意を得ることなく、すべての人々あるいは個人に法を与える権利」であり、さらに、外交権、人事権、終審裁判権、恩赦権、貨幣鋳造権および度量衡統一権、課税権、その他があるとした[5]。

　モンテスキューは、ルイ15世の治世、1748年に『法の精神』を著す。モンテスキューは、「専制君主は常に資金は窮乏していると語るが、人民が

2　ホッペ教授は、専政制においてはこれがおこなわれたとも記している。
　　Hans-Hermann Hoppe, *What must be done*, The Mises Institute, 2009, p 9.
　　本書の訳本に下記がある。
　　岩倉竜也訳、ハンス・ヘルマン・ホッペ『為さねばならぬこと』［Kindle版］きぬこ書店、2013。
3　「君子不以其所以養人者害人」とある。
　　金谷治『孟子』朝日新聞社、1966、pp. 65-66。
4　「賊仁者謂之賊、賊義者謂之残、残賊之人謂之一夫、聞誅一夫紂矣、未聞弑君也」としている。
　　同書、pp. 53-54。

第5章　主権と権力の分離──149

窮乏していることについては決して語らない」と指摘した[6]。専制政体では、主権と権力は専制君主にある。

市民は、専制君主の気まぐれな主権の行使に、いつまでも服従してはいなかった。財産を所有する王の周りを固めた貴族も、私的所有権を無視する略奪に我慢ができなかった。1215年に制定されたマグナ・カルタの第12条により国王は、大僧正、僧正、僧院長、伯、及び権勢あるバロンたちから構成される一般議会の承認なしに資金を集めないことをジョン王に宣誓させた[7]。イギリスにおける最初の憲法となる。良い法律は悪人を減らす。専制政体の終りが始まる。

市民の抵抗を恐れた専制君主は、増税を選ばずに、専制君主の資産を売り、あるいはそれを担保として借入をおこなう。徴税の権利や官職の売却もおこなわれる。王とはいえ、個人の信用には限りがあった。商人たちから借金をし、貴族等からも資金を集めた。信用を失った国王の借金には商人の借金よりも高い金利が求められていた[8]。

英国では、名誉革命により1689年に権利章典（Bill of Rights）が定められる。国王が課税により、あるいは借入により金銭を徴収するには、「議会の同意」を得ることが求められた[9]。国王が税を課すためにも、議会の同意が必要とされた。上院議員は国王により指名された。下院の選挙権を

---

5 佐々木毅『主権・抵抗権・寛容』岩波書店、1973、pp. 102-103。
　主権を立法権とし、宣戦布告・講和締結権、従属的統治者任免権、終審裁判権、恩赦権、貨幣鋳造権、課税権、忠誠誓約要求権が、これに続くとした。
　清末尊大『ジャン・ボダンと危機の時代のフランス』木鐸社、1990、pp. 184-185。
　この時代は、マルティン・ルター（1483-1546）がプロテスタントを興し、キリスト教徒間での戦い、ユグノー戦争（1562-98）が勃発した時代であった。

6 野田良之訳、モンテスキュー『法の精神（上）』岩波書店、1989、p. 398。

7 「兵役免除金」や「御用金」の徴収に一般議会の同意が必要としている。
　田中秀央『羅和対訳 マグナ・カルタ』東京大学出版会、1973、p. 45。

8 富田俊基『国債の歴史：金利に凝縮された過去と未来』東洋経済新報社、2006、p. 34。
　この点は、日本でも同じ。紀州藩では、伊勢松坂に本店のあった木綿問屋長谷川家へ、元文年間（1736-40）に月8％の利息を約束して借金を申込んでいる。
　北島正元編『江戸商業と伊勢店』吉川弘文館、1962、p. 523。

9 富田俊基、前掲書、p. 65。

持つのは、土地を所有し、その賃借料で生活をすることができる「ジェントルマン」と呼ばれたごく僅かの人々だけであった[10]。

　1763年以降に拡大したアメリカ領土は、イギリスの重荷となっていた。その治安維持の費用の負担を植民地アメリカに求めた。1764年の砂糖法は、植民地から輸入する砂糖だけでなく、藍（indigo）、コーヒー、ワイン、絹製品、綿製品、麻製品等の輸入品に対しても課税した。翌1765年には印刷物や書簡に課税する印紙税法が一旦成立する。しかし、植民地の激しい抵抗にあい、撤廃となる。この時の「代表なくして課税なし（No taxation without representation）[11]」は、米国独立運動のスローガンとなった。

　1776年7月4日に発せられた独立宣言[12]は、英国国王による英領アメリカに対する略奪と、その圧政の事実を知らせる形で記述されている。「我々の同意なしに課税をする法律を英国国王は承諾した[13]」は、税の負担に先立ち、納税者の承諾が必要なことを前提にする一文である。さらに、1789年のフランス革命は、人権宣言で「税の負担には人民の承諾が必要だ[14]」と、税を払う要件として納税者の承諾が必要なことを明らかにした。

　我が国では1874（明治7）年に板垣退助を始めとする8名が、「民撰議院設立建白書」を左院に提出し、その全文を「日新真事志」という新聞に掲載する。納税者には、政府の事業について知る権利があり、それをするべきか、あるいはやめるべきを決める権利がある（政府ニ対シテ租税ヲ払フノ義務アル者ハ、乃チ其政府ノ事ヲ与知可否スルノ権理ヲ有ス）と記した。議会の

10　中村英勝は、名誉革命を地主層による寡頭支配としている。
　　中村英勝『イギリス議会史』有斐閣、1978、p. 84。
11　アメリカが英国領であった頃、マサチューセッツの弁護士ジェームズ・オーティス（James Otis, 1725-83）が、1764年に英国の植民地への課税に反対するパンフレット（The Rights of the British Colonies Asserted and Proved）で利用した。
12　白井洋子訳、メアリー・ベス・ノートン『アメリカの歴史　第1巻　新世界への挑戦』三省堂、1996、p. 182-215。
13　独立宣言は次のHPから入手できる。
　　http://www.nara.gov/exhall/charters/declaration/declaration.html（2002年1月6日現在）
14　人権宣言の14条にある。

役割は、政府の税の使途について可否することであった。

　ジョージ三世（George III, 1738-1820）の治世（1760-1820）であった1776年、アダム・スミスは『諸国民の富』を著す。アダム・スミスは、会社経営者に対して否定的な論評を加えたが、権力者に対してはさらに否定的な論評を残している。「人類の支配者の暴力と不正行為とは昔ながらの悪徳」であるとして、「これを救治しようにもその余地はほとんどありえない[15]」とした。

　1793年１月21日、コンコルド広場に設置されたギロチンが、米国の独立戦争に荷担したルイ十六世の首と胴体を分離する。分離するのは、首と胴体だけではない。専制君主の手にあった主権と権力も分離する[16]。権力者に従うだけであった人民は、権力者をコントロールすることができるようになる。

　1890（明治23）年、第１回帝国議会が開催される。普通選挙が浸透するにつれ、より多くの人民が主権者となった。納税者は、「稼いだ金の使い方を自分自身で決めるか、あるいは政府に委ねるか」を流血を伴うことなく選択できるようになった。その意思表示は、株主が経営者を投票によって選ぶのと同様に、選挙によっておこなう。主権者は投票所に集まり、主権を行使する。代議士は議場に集まり、権力を行使する。

　主権が人民に移り、議会制度が整っても、議会が期待通りに機能するわけではない。米国議会を訪れた岩倉使節団は、議会で優れた意見が採択されないありさまを次のように伝えている。「選挙で議員を選び、選ばれた者が立法をするのは、実に公平を極めたように見える。しかし、優れた人ばかりが議員に選ばれているわけではない。将来を見極めた意見を凡人は理解できない。他の意見が沸き起こり、多数決で選ばれる。良い政策は廃

15　大内兵衛／松川七郎訳、アダム・スミス『諸国民の富　3』岩波書店、1965、p. 130。
16　主権を手にするための代償が200万人の命であった。この時のフランスの人口は2700万人だった。
　　山崎耕一訳、ルネ・セディヨ『フランス革命の代償』草思社、1991、p. 12。

されて、悪い政策が採用されるのが常である[17]。」

　板垣は、「民撰議院の設立を一生の仕事とする」と西郷に宣言する。板垣とともに「民撰議院設立建白書」に署名した仲間は、実業界に入る者（岡本健三郎，小室信夫、後藤象二郎）、獄門となる者（江藤新平）、政府に取り込まれる者（由利公正、古沢滋、副島種臣）等、活動から抜けていく。板垣は、活動を続けた。自由民権運動を続ける板垣が、1882（明治15）年、岐阜で暴漢に襲われる。「板垣死すとも、自由は死せず」と発した板垣を守るために党員三千人が集まる[18]。

　板垣の影響力に驚いた政府は、板垣に資金の出所が知れぬようにして外遊の機会を提供する。この時、板垣はフランスの普通選挙の実情を目撃し、確認したのは、岩倉使節団が報告した「政治家の買わんと欲するところの関心は、必ず多数の愚者にあり[19]」であった。

　板垣が一生の仕事とした民撰議院が有効に機能するためには、能力のある者に権力を預けなければならない。能力のない者に預けると、権力は悪事に使われる。民主主義も「到底不完全を免れ[20]」ることはできない。板垣の「免れえない不完全」を免れるために、アダム・スミスの「昔ながらの悪徳である暴力と不正行為」を除くために主権者に必要なのが、権力を委ねた者が適材であったかどうか、「この人で良いのか」ということを明らかにする会計情報である。

17　久米は、米国議会を次のように報告している。
　　「夫官ヲ公選ニ挙ケ、法ヲ公同ニ決ス、共体面ハ実ニ公平ヲ極メタルニ似タリ、然レトモ上下院ノ選士、ミナ最上ノ才俊ヲ盈ルコトハ、到底得ヘカラス、卓見遠識ハ必ス庸人ノ耳目ニ感セス、故ニ異論沸起ノ後ニ、同意ノ多キニ決スレハ、上策ハ廃シテ下策ニ帰スルヲ常トス」
　　久米邦武編、田中彰校注『特命全権大使米欧回覧実記　1』岩波書店、1977、p. 209。
18　服部之総『明治の政治家たち　上』岩波書店、1950、p. 138。
19　自由党史編纂局『自由党史　中』岩波書店、1957、p. 323。
20　同書、p. 323。

第5章　主権と権力の分離——153

第2節　主権者と権力者の約束　貸借対照表

　行為には目的がある[21]。目的が達成されればその行為は成功であり、その目的が必要とされる間、その行為は繰り返される。目的が達成できなければ失敗となる。失敗でも、その目的が必要とされるのであれば、別の方法を検討する。複式簿記は、取引を目的と結果に分け、これを同一の貨幣額で評価し、記録する。他人の成果を利用する取引を、複式簿記で記録することにより、その目的と結果を記録から読み取ることが可能になる。

　権力者の功績を計る会計においても、何をもって功績として評価するかを明らかにしなければならない。「成果明示の原則」に従う。選挙で選ばれる代表者の功績を評価するためには、なぜ選挙で選ばれるようになったかの基本を確認すればよい。民主主義の基本を遵守していることを明らかにすればよい。民主制において代表者が守らなければならない約束は、「主権者の承諾なしに課税をしない」ことである。

　政府のコストが税収以上で、不足に対する備えがなければ、政府は公債を発行する。その負担は、代表を選ぶことのできない将来世代の負担となる。子供にツケをまわすことになる。均衡財政を損なうことは、「納税者の承諾により課税する」という民主主義の基本の約束を反古にする。均衡財政を維持する、すなわち「子供にツケをまわさない[22]」ことが民主主義において税を扱う者が守るべき約束となる。

21　ミーゼスは「人間行為とは合目的的行動をいう」とし、続けて「行為とは、意思が実行されて手段に変えられることであり、目的や目標を目指すことであり、刺激に対し、環境の諸条件に対して自我が意味をともなった反応をすることであり、人間の生存を決定する宇宙の状態に対する人間の意識的な調整である」としている。
　　村田稔雄訳、ルートヴィヒ・フォン・ミーゼス『ヒューマン・アクション：人間行為の経済学』春秋社、2008、p. 15。
22　「子供にツケをまわさない」という誓約書を集めている組織に日本税制改革協議会がある。署名した議員及び候補者の数は、平成26年3月31日現在で600名を超えている。

図4 政府の貸借対照表

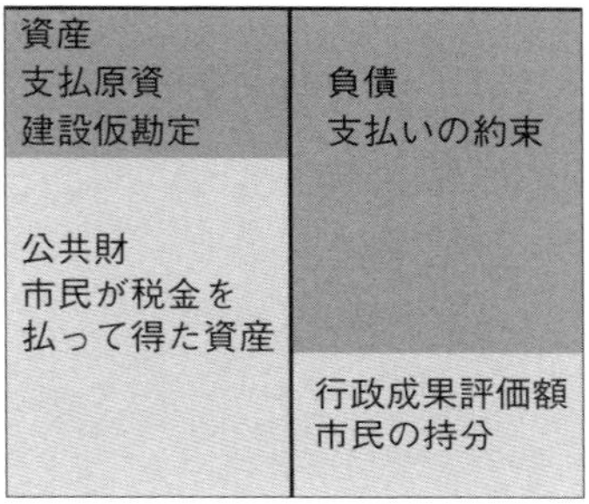

資産 支払原資 建設仮勘定	負債 支払いの約束
公共財 市民が税金を 払って得た資産	行政成果評価額 市民の持分

　主権者は、税を扱う者が「子供にツケをまわしたのか」あるいは「まわさなかったのか」を会計情報として知ることで、税を扱う能力のある者にその力に相応しい地位を与えることが可能となる。税を扱う者の「会計」が可能となる。税が貨幣によって徴収される場合において、均衡財政を維持する能力は、貨幣額によって測定される。

　貸借対照表は、一定時点の財政状態を示す。代表者がその任に就いた時点の財政状態と、その行政運営が終了した時点の財政状態を比較することで、その代表者の財政運営能力を把握することができる。演繹的に求めた会計原則の「報告範囲決定の原則」は、代表者が責任を持つ行政の場所的範囲だけでなく、期間について報告することを求める。

　首長の責任の及ぶ範囲を対象とする貸借対照表を作成するためには、現金収支を取引の認識基準とするのではなく、発生主義による取引の認識を求めることになる。発生主義を採用することで、首長の意思決定の影響をより迅速に反映することができる。

　国際公会計基準でも日本の財務省や総務省でも、公共財は政府の貸借対照表に計上されている（図4参照）。アダム・スミスも、公共財を提供することを主権者の重要な役割とした[23]。専制君主の時代に生きたアダム・ス

23　大内兵衛／松川七郎訳、前掲書、pp.502-503。

第5章　主権と権力の分離——155

図5 市民の貸借対照表と首長の貸借対照表

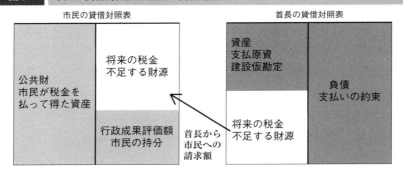

ミスにとって、主権者は専制君主であった。主権者と権力者が分離した統治形態では、その関係も分けて表示しなければならない。

主権と権力が分離する前の財政状態と、主権と権力が分離した後の財政状態を示す貸借対照表は、離婚した一組の夫婦の財政状態を貸借対照表に表わすのと似ている。離婚前は一つの家計として示すが、離婚後はそれぞれに貸借対照表を作成する。元夫の貸借対照表には、元妻の勘定が表れる。元妻の貸借対照表には、元夫の勘定が表れる。両貸借対照表に表れる元配偶者の各勘定の金額は、それぞれが合意をすれば一致する。

「帰属主体峻別の原則」は、主権者に提供された財と行政責任者の管理する財を峻別することを求める。主権と権力が分離した統治形態では、供用を開始した公共財は主権者の資産となる。供用を開始するまでの公共財は、首長の管理下にあるので「首長の貸借対照表」に計上される。供用を開始したならば、公共財は首長の貸借対照表から除き、「市民の貸借対照表」に計上する。それは、商人の商品を売る取引に似る。売上を計上することで、売れた商品は、商人の資産から売上原価、すなわち費用となり、損益計算書に計上される。商品は、購入した者の資産となる。これと同じである。

首長の支払の原資となる資金と行政サービス提供の過程にある資源が、「首長の貸借対照表」の資産に計上される。首長の名でなされた支払の約

束は、「首長の貸借対照表」の負債に計上される。「首長の貸借対照表」上の資産と負債の差額が、「将来の税金」となる。均衡財政を損なった自治体では、この金額が首長から住民への請求額となる。

「政府の貸借対照表」では、住民と行政との関わりを示す勘定が、相殺消去されていた。「市民の貸借対照表」と「首長の貸借対照表」とに分離することで、「政府の貸借対照表」では存在しなかった市民が、「市民の貸借対照表」に顕れる。住民不在であった「政府の貸借対照表」に、住民との関わりを示す勘定「将来の税金」である（図5参照）。

住民から仕事を任された時点の「将来の税金」が、首長の任期を迎えた時に就任した時よりも減少しているのであれば、首長は「承諾なければ課税なし」という民主主義の基本に忠実な良い首長であったことを示す。首長の功績を計ることで、市民は、公会計が良い首長を見出すのに有用であることを知る。

「有用性の原則」は、代表者の作成する会計報告が「主権者の意思決定に有用」であることを求める。これにより「市民の貸借対照表」と「首長の貸借対照表」を、市民1人当りの単位で表示する。市民1人当りで表示することで、総額では通常の生活では馴染みのない大きな金額が、一市民として理解できる。

市民1人当りで表示することのもう一つのメリットは、人口の増減の影響が「将来の税金」に反映される点にある。「将来の税金」を負担する人口が減少することは、市民1人当りの「将来の税金」の増加となる。少子高齢化の影響が将来世代の負担の増加につながる、そのことを「将来の税金」の増加が告げる。仮に「将来の税金」の総額に年度間の増減がなくても、人口の増加があれば、市民1人当りの「将来の税金」は減少する。他市からの人口の流入による「足による投票」、あるいは市民がこの町で子供を産み育てる「出生による投票」が、市民1人当りの「将来の税金」の減少によって表象される。

各年度末の「将来の税金」が、市長の就任時のそれに比較して減少して

いれば、市長は巧みな財政運営をしたことになる。他方、増加しているのであれば、財政運営に改善すべき点があったことになる。こうすることで、民主主義が適切に機能する。「報告範囲決定の原則」は、発生主義による取引の認識を求めることになる。首長の意思決定の影響をより迅速に反映することができるが、そこには、首長の見積計算が介入する。注記にその根拠を記述することで、検証可能性を確保することが可能となる。発生主義の採用により、「首長の貸借対照表」に計上される取引には以下のようなものがある。

「未収交付税」 自治を獲得する

　地方交付税制度は、「地方団体の独立性を強化すること」を目的としている。自治体の独自財源では、不足する資金を再分配により補う。国が集めた所得税の33％、酒税の50％、法人税の34％、消費税の20.8％、たばこ税の25％を、その資金の原資とする（平成30年３月31日公布による）。

　地方交付税は、各自治体が総務省に提出した資料により算定した基準財政需要額が、同様に算定された基準財政収入額を超過していた場合に、その差額を補填するために交付される。財政が改善すると交付税の額は減少する。また基準財政収入額が基準財政需要額を超えると交付は止まる。

　地方債には、償還のための資金が基準財政需要額の算定に含まれるものがある。地方債を発行しても償還のための資金を交付を受けた金額から捻出できるとなると、交付税の原資が国民の「将来の税金」であっても、自治体には魅力のある資金調達の手段となる[24]。

　平成13年度より発行されている臨時財政対策債は、国の財源が不足したために、自治体が借入をし、その返済資金を地方交付税により充当する。

24　「平成の大合併」により、平成10年度末において3,232を数えた市町村の数は、平成21年度末において1,727まで減少した。市町村合併推進事業のために発行する合併推進債は、元利償還金の50％が基準財政需要額へ算入され、合併特例債については元利償還金の70％が基準財政需要額へ算入される。
　　http://www.soumu.go.jp/kouiki/kouiki.html（総務省　平成27年３月19日現在）

「手許に金がないので。返済の時にお金を渡すから、借りて凌いでくれ」といわれて借金をする。交付税で財源を確保できるという魅力には諍えず、平成27年度の地方債残高の38.4％を臨時財政対策債が占めている[25]。

「報告範囲決定の原則」により、返済の資金を交付税により充当できることを期待して発行された地方債について、その首長が期待するこれから交付されるであろう額を算定して「未収交付税」として計上する。

地方交付税法第2条は、基準財政需要額の測定のために算入される各会計年度の地方債に関わる算入額の計算は、次の式によるとしている。

$$基準財政需要額＝測定単位×単位費用×補正係数$$

このうち測定単位と単位費用は毎年改定される地方交付税法により、補正係数は総務省令により定められている。測定単位と単位費用は、国会の承認を必要とするが、補正係数については国会の承認は必要ない。

総務省が作成を勧める行政の貸借対照表では、これら地方財政法で交付が定められた地方交付税として受取ると見込まれる金額は計上されていない。返済の資金の原資を地方交付税に期待して、償還期間20年の臨時財政対策債を発行したとする。償還期間の20年の間に均衡財政を実現すると、期待していた「未収交付税」は放棄することになる。代表者が何を期待して公債を発行したのかは記録があって明らかになる。「未収交付税」という勘定は総務省に対する債権を示す勘定となる。自治体が、総務省に期待する交付税の額を明らかにする。人名勘定を利用して債権者や債務者との取引記録を作成し、その与信管理をおこなったように、期待通りの交付税の交付があったかを確認することで、総務省の信用を確認することができる。

単位費用の変更や補正係数の変更が、自治体の当初の期待と異なるのであれば、その差額の原因を把握することで、総務省の信用を再度確認する

25　総務省『地方財政の状況』平成29年3月 p.29。

第5章　主権と権力の分離——159

ことが可能になる。企業会計で売掛金や未収金の計上額と実際の回収の差額を把握することで債務者の信用を再確認するのと同様である。

支払予定利息の借入金への加算

　市政運営を引き継いだ市長には、市債及び企業債の早期償還をおこなったり、借換をおこない、金利を安くするという選択はある。しかし、発行を取りやめるという選択はない。現職は、前任者の残した支払の約束を継承する。市債及び企業債に関わる利率は、公債発行の段階で確定する。「報告範囲決定の原則」は、公債発行時に、当該公債に関わる予定される支払利息を計上することを求める。

　行政改革の成果は、余剰資金の増加となる。増加した資金は減債基金に積立てられたり、減税の原資となる。減債積立金として、資金を金融機関に預けても、市債及び企業債を借入れたことで発生する支払利率を上回る金利は期待できない。巨額の公債を抱える自治体の場合は、有利子負債を減らす選択をする。

　代表者の成果は、代表者の責任の下で業務を営む職員の成果の集積である。公債を管理する職員の成果も測定され記録される。公債を発行した時点で支払うべき金利を計上しておくことで、早期償還により支払わずに済んだ金利の影響を把握することができる。

公共財の更新に備える「更新引当金」

「帰属主体峻別の原則」により、行政が提供した公共財は「市民の貸借対照表」に計上される。住民に提供した公共財には、供用を開始した時点と同じ利便性を提供することが必要となる。適切なメンテナンスをおこなうことで、当初期待された機能を提供できる運河や道路といった構築物といった公共財と、使用に耐えなくなる公共財がある。公共財も利用可能な期間により区別しなければならない。当該公共財が利用に耐えなくなっても、従来通りに市民が必要としているのであれば、更新の必要がある。代

表者が将来の更新に備えた準備をしていることを、「市長の貸借対照表」に計上された「更新引当金」が示す。

更新引当金繰入額の計算は、減価償却費の計算と同じように、新たな更新に必要とされる金額を、利用中の公共財の耐用年数で除して求める。2000（平成12）年3月の『地方公共団体の総合的な財政分析に関する調査研究会報告書』では減価償却を「期間損益計算を行うためでなく、翌年度以降に継承される資産を把握するため、減価償却の手法を用いる」としている[26]。会計報告が良い首長を見出すに有用であるためには、供用中の公共財の評価を示すのではなく、首長が将来を見通した行政経営に勤んでいるかどうかを示すことが求められる。

1947（昭和22）年に定められた地方自治法第149条は、「財産及び営造物」の管理を地方公共団体の長の事務としていた。1999（平成11）年に改正され翌年から施行された第149条は、「財産を取得し、管理し、及び処分する」事務を、普通地方公共団体の長に求めている。また、同法第168条は、首長により会計管理者として任命された職員は同法第170条により「現金及び財産の記録管理を行うこと」を求めた。

固定資産についても、現金と同様の「財産の記録管理」をおこなうことが求められている。首長による「財産を取得し、管理し、及び処分」する行為を記録したものが固定資産台帳となる。地方自治法は、自治体に固定資産台帳の作成を求めていた。

2006（平成18）年、総務省が公表した『新地方公会計制度研究会報告書』においても、全ての固定資産について固定資産台帳を整備することが求められている[27]。地方自治体では固定資産台帳の作成が蔑ろにされているために、総務省は固定資産台帳を整備することを求めた。

渋沢栄一は、大隈重信に請われて大蔵省改正掛（1869〔明治2〕-73〔明治6〕）となる。渋沢は、度量衡の統一、租税制度の改正、暦の改正、銀行

26　自治省『地方公共団体の総合的な財政分析に関する調査研究会報告書』平成12年3月、p.8。
27　総務省『新地方公会計制度実務研究会報告書 平成19年10月』pp.1-2。

第5章　主権と権力の分離——161

制度、貨幣金融制度、郵便制度、殖産興業といった近代化に必要な基礎を築く。政府の会計記録を複式簿記に改めることもその一つだった[28]。

伊藤博文は、1882年（明治15）年にグナイストから、外交・兵制・財政の三つの事項について議会に口を挟ませるべきでないと指導を受ける[29]。伊藤は、当時のプロイセン憲法を底本とした大日本帝国憲法から会計責任を削除する。大日本帝国憲法の施行に伴い、国の出納記録は、日本銀行によるものとされた。行政機関から複式簿記は廃され、予算の差引き計算記帳法が採用され[30]、現在に至る。

複式簿記は、会計主体の営む行為をその目的と結果に分けて記録する。取引によって取得した固定資産は、結果を示す当該資産の元帳に増加として計上される。固定資産を処分したのであれば、当該資産の元帳に減少として計上される。固定資産に関わる元帳は、固定資産台帳にいつ、いくらで資産を取得したのかを提供する資料となるはずであった。

資金の収支のみを記録の対象とする単式簿記では、固定資産の増減の記録は対象とならない。多くの地方自治体では道路と住民の私有財産である土地、建物、及び有形償却資産については台帳が整備されている。道路については、地方交付税の交付を受ける際に基準財政需要額を算定する際の土木費に関わる費用として「道路の面積」と「道路の延長」が、総務省に提出する資料として求められる。このため、道路に関わるデータベースは毎年更新されている。

住民の私有財産である土地、建物、及び有形償却資産は固定資産税の課税対象となるので、毎年おこなわれる申告により資産台帳が整備されている。福利を目的とする行政ではあったが、記録を作成する要因は、交付税

28　渋沢栄一が語った自伝『雨夜譚』に「簿記法の調査も出来たが、即ち今諸官省で用ゆる簿記法の要領もその時に定められた」とある。
　　下記に収録されている。
　　鹿野政直編『日本人の自伝　1』平凡社、1980、p. 330。

29　稲田正次『明治憲法成立史』有斐閣、1960、p. 571。

30　小峰保栄『財政監督の諸展開』大村書店、1974、pp. 35-38。

を受けるためであり、あるいは課税の根拠を提供するためであった。資金を集めるための記録は作成したが、自らの会計責任を明らかにするための記録は作成していない。

「更新引当金」を計上することで、市長が更新のために準備しなければならない資金の額が明らかになるだけでなく、公共財の見直しとコスト削減が必要であることを市民に伝える。

第3節　主権者と権力者の約束　成果報告書

憲法の前文は、「憲法の憲法[31]」として位置づけられる。憲法の前文は、国政の役割を国民に福利を提供するとしている。福利の福は「幸福」である。それはすべての人々の目的ではあるが、何が各人の幸福を増大させるかを決めることはできない[32]。幸福を貨幣で測定することはできない。利は利益を表象する。「賢明でつつましい wise and frugal[33]」代表者が、行政運営で顧みなければならないのは、主権者を不幸にしていないか、損失を及ぼしていないかである。

権力者になろうとする者は、有権者の関心を集めて投票用紙に自己の氏名の記入を求める。有権者の関心を集めるために、様々な公約を掲げる。当選するためには、有権者すべての票数が必要なわけではない。当選に必要な票数は、有権者数より少ない。当選を目的とするのであれば、当選に必要な票数を見定め、その票数を満たす受益者を囲い込むことで必要な票数を確保することができる。受益者の票を集めて代表者となったならば、

31　清宮四郎『憲法 Ⅰ』有斐閣、1957、p. 33。
32　高田三郎訳、アリストテレス『ニコマコス倫理学 上』岩波書店、1971、p. 20。
33　Thomas Jefferson, first inaugural adderss. Washington DC, March,4 1801.
　　http://avalon.law.yale.edu/19th_century/jefinau1.asp（2016年7月12日現在）

公約を果たすために受益者と約束した事業を開始する。その資金は、権力者を支持しなかった納税者も負担する。代表者は、納税者の負担に、納税者が承諾を与えることができるのか、できないのかを判断できるように、納税者に説明しなければならない。

　行政の費用は貨幣額で測定されるが、成果は貨幣額だけでの説明はできない。成果報告書は、事業の目的とその結果を説明し、これに関わって発生した費用とその負担を誰がしたのかを明らかにすることで、市民が税の利用の可否を判断することを可能にする。

　成果報告書は事業ごとに作成される。その構造は図6の「成果報告書」のようになる。

　まず、成果を説明する。その事業の目的を説明し、その事業をおこなった結果、その目的が達成できたか否かを説明する。

　次にコストを説明する。事業遂行のために発生した費用を人件費（A）、経費（B）、さらに提供した資金（C）に区分して計上する。提供した資金には、社会保障等の給付金や補助金などが計上される。

　発生した費用の総額（D＝A＋B＋C）から受益者負担（E）が差引かれ、納税者の負担（D－E）が求められる。地方自治体の場合、都道府県からの補助金や国からの補助金を受ける事業がある。これらの補助金の原資は、都道府県民の税金（F）であり、国民の税金（G）であるので納税者の負担の内訳とし、その差額が市民の負担（D－E－F－G）となる。

第4節　成果があってコスト

　総務省は、福利の提供を目的とする行為について「行政コスト計算書」の作成を進めている。2000（平成12）年に公表された『地方公共団体の総合的な財政分析に関する調査研究会報告書』では、「行政コスト計算書」

| 図6 | 成果報告書 |

成果説明の部	成果を説明する	
成果の説明		
コスト説明の部		
発生費用の部		
人件費	A	
経費	B	
提供した資金	C	
発生費用合計	A＋B＋C	＝D
費用負担の部		
受益者負担		E

差引　納税者の負担[34]		D－E
県民として（県からの補助金）の負担		F
国民として（国からの補助金）の負担		G
市民の負担		D－E－F－G

を企業会計の損益計算書に相当するものとして、その名称の由来を次のように示している。

　「営利活動を目的としない地方公共団体の財務活動にはなじまず、行政コストを説明する計算書としての意義が重要であることから、既に作成を試みている団体において使用され定着しつつある「行政コスト計算書」の名称を用いることとした[35]。」

　本来、コスト（費用）は成果を伴ってコストといえるのであり、成果がなければロスト（損失）となる。成果を説明しない行政コスト計算書は、会計報告としては不完全である。また行政コスト計算書は事業ごとには作成されない。

　行政の事業を市民が知り、それを継続すべきか否かを判断するためには、「問題をよりよく解くために必要なだけの小部分に分割[36]」しなければな

34　従来、納税者の負担の内書きとして補助金を記載してきたが、市民の負担を明らかにするために、大田原市の平成26年度の公共交通の成果報告書の様式を改めた。この成果報告書は下記にある。
　　http://www.catallaxy.jp/info.html#mdl-ootaharaH26（2017年5月18日　現在）
35　総務省『地方公共団体の総合的な財政分析に関する調査研究会報告書 平成13年3月』p.3.

第5章　主権と権力の分離──165

らない。事業ごとに成果報告書の作成が必要となる。

『地方公共団体の総合的な財政分析に関する調査研究会報告書』に先立つ1997（平成9）年、日本公認会計士協会公会計委員会が公表した「公会計原則（試案）」において、成果報告書の作成が提唱されている[37]。ここで提唱された成果報告書では、最終行に何を記述すべきかの考察はなされていないが、とうぜん成果の説明がなされるべきであるとしている。

補助金は多岐にわたり支払われる。首長は、事業に関わる補助金を得ることで、市民の負担を小さくすることができる。市民は、納税者の負担の度合を知ることで、その事業の妥当性を検討することができる。江戸時代に各地の財政再建を指導した二宮尊徳は、こうした補助金導入について事業者の主体性を失わせるとし、これを退けている[38]。後に民俗学者となる柳田國男（1875〔明治8〕–1962〔昭和37〕）も、補助金や奨励金に対しては「効少なくして、弊多し[39]」と指摘している。

財・サービスの市場であれば、当該財・サービスの購入者は、その財・サービスからの受益者であり、その費用も全額負担することになる。購入に際しては、財を手に取り、吟味する。サービスはその内容が観察される。行政が提供するサービスとなると、発生した費用の負担は受益者だけではなく、広く市民も担う。受益者が負担するコストは、直接の支払いにより把握することができるが、その事業についての市民の負担を当の市民が知るためには、成果報告書が必要となる。

36　谷川多佳子訳、デカルト『方法序説』岩波書店、1997、p. 29。
37　この試案は下記の書籍で説明されている。
　　日本公認会計士協会公会計委員会『地方公共団体の会計と監査』ぎょうせい、1998、pp. 104-115。
38　宮西一積『報徳仕法帳』一円融合会、1956、p. 57。
39　補助金の弊害については『時代ト農政』でも言及されているが、ここでは「農政学」の文言を参照した。
　　『柳田國男　第28巻』筑摩書房、1964、p. 242。

第5節　減税のちから

　ハイエクは、社会がおこなうことを期待される事柄を政府が必ずしもおこなうべきではない[40]、と指摘したが、成果報告書は、社会が必要としている事柄の担い手として政府がふさわしいかを明らかにする。政府が事業をおこなう場合のコストは、受益者だけでなく納税者も負担する。納税者が成果を検討し、納税者の負担額に承諾が与えられるものなら、政府がおこなうことができるが、そうでなければ政府は関わってはならない。能力のない者に仕事を任せても、その仕事は成就しない。事業ごとに成果報告書を作成することで、最終的な行政費用における納税者の負担額が「納税者の負担」により明らかになる。

　表5において、減税政策を実行した第30代米国大統領カルビン・クーリッジ（Calvin Coolidge, 1872-1933）の成果と、続く第32代大統領（1933-45）フランクリン・ルーズベルト（Franklin Roosevelt, 1882-1945）の成果を比較した。米国連邦政府の目的も、その憲法の前文に「正義を樹立し、国内の平穏を保障し、共同の防衛に備え、一般の福祉を増進し、われらとわれらの子孫の上に自由のもたらす恵沢を確保する[41]」と謳われている。連邦政府の目的は、防衛と、国民の幸福の増進と自由の確保にある。

　第29代米国大統領（1921-23）ウォレン・ハーディング（Warren Harding, 1865-1923）の副大統領であったクーリッジは、任期中に急死したハーディ

40　渡部茂訳、F. A. ハイエク『法と立法と自由　3　自由人の政治的秩序』春秋社、1988（新版2008）、p. 65。
　　また、ハイエクは現行の課税方法は、「誰か他の人がその費用を払ってくれるというに気になることを意図」し、その誰かには、そのことが悟られないようにしている、としている。
　　同書、p. 172。

41　原文は次のとおり。 "establish justice, insure domestic tranquility, provide for the common defence, promote the general welfare, and secure the blessings of liberty to ourselves and our posterity"

第5章　主権と権力の分離──167

表5	クーリッジ大統領とルーズベルト大統領							
年	大統領	名目GDP[43]	歳入 単位：百万 ドル	歳出	歳入 - 歳出[44]	失業率[45]	乗用車 販売数[46] 単位：1000	潜在的な 国民 負担率[47]
1920	ウィルソン	89,246	7,380	6,785	595	5.2%	1,906	13%
1925	クーリッジ	91,449	4,048	3,623	425	3.2%	3,735	11%
1930	フーヴァー	92,200	4,830	3,956	874	8.7%	2,787	13%
1935	ルーズベルト	74,200	4,531	7,553	-3,022	20.1%	3,274	20%
1940	ルーズベルト	102,900	6,548	10,061	-3,513	14.6%	3,717	20%
1945	ルーズベルト	228,200	45,159	106,877	-61,718	1.9%	69	52%
1950	トルーマン	299,800	39,443	44,800	-5,357	5.3%	6,666	23%

ングの後を承けて大統領に就任。クーリッジ大統領は、積極的に減税をおこない、その歳入を1920年の43％とし、歳出も46％に引下げた。財政は1920年の219百万ドルの黒字から717百万ドルの黒字を計上する。失業率は、5.2％から3.2％に改善。ちなみにイギリスの失業率は1920年の2.0％であったが、1925年には7.9％になっている[42]。自動車販売台数は倍近い伸びを見せる。減税が国民生活を豊かにした。

　ルーズベルト大統領は、1929 年に始まった大恐慌[48]を、政府支出の増大によって対応しようとした第31代大統領（1929-33）ハーバート・フーヴァー（1874-1964）と同様に政府の介入を拡大する。

　ルーズベルト大統領の第1回大統領就任演説（1933年3月4日）で「多数

42　中村壽男訳、B. R. ミッチェル『イギリス歴史統計』原書房、1995、p. 124。

43　https://www.measuringworth.com/datasets/usgdp/result.php（2017 年 4 月 4 日現在）より

44　https://www.usgovernmentspending.com（2019 年 4 月 7 日現在）

45　斎藤眞／鳥居泰彦監訳、合衆国商務省編『アメリカ歴史統計　Ⅰ』原書房、1986、p. 135。

46　同書、p. 716。

47　下記のページから求めた連邦政府、州政府、地方政府から構成される政府支出を名目 GDP で除することで求めた「潜在的な国民負担率」を参考として記載した。
　　https://www.usgovernmentspending.com（2019 年 4 月 7 日現在）

48　1927 年の連邦準備銀行による金利を自由市場水準より押し下げたことをその原因としている。
　　マーク・J. シェフナー他訳、ロバート・P. マーフィ『学校で教えない大恐慌：ニューディール』大学教育出版、2015、p. 10。

の失業者が生き延びるのも困難な状況にあり（a host of unemployed citizens face the grim problem of existence[49]）」と指摘する。4年後の第2回大統領就任演説（1937年1月20日）では、「国民の3分の1が衣食住に事欠いている（I see one-third of a nation ill-housed, ill-clad, ill-nourished[50]）」と指摘した。

ルーズベルト大統領は、4選される。政府支出を増大し、財政赤字は拡大した。しかし、衣食住に事欠く原因となる失業率を改善させることはできず、乗用車販売数が1929年の水準に戻るのは1941年で、3,775千台となる。そして、第二次世界大戦への参戦により終戦まで、その販売は低調となる。

ルーズベルト政権の財務長官（1934–1945）ヘンリー・モーゲンソウ（Henry Morgenthau, 1891–1967）は、1939年5月、次のようにニューディール政策を評価している。「我々は以前よりも支出を増やしているが、効果がない。目的は、ただ一つのことである。もし私が間違っていれば、だれか他の人が自分の職務に就けばよい。私はこの国が繁栄し、人々が仕事を得て十分な食べ物にありつけるのを見たい。しかし、今までこの約束を果たしたことがない。この政権で8年が経過したが、失業者の多さは、政権が始まった時と何ら変わってはいない。その上、莫大な負債も抱えている[51]」。

完全雇用を実現するためには戦争でさえ合理的である、とケインズは指摘した。ルーズベルトは、敵国の将兵や市民の命だけでなく、自国の将兵の命を対価として完全雇用を実現し、膨れ上がった政府債務をインフレにより名目的に解消した。

掲げた政策に対して成果報告することで、その政策の有効性は判断する

49　http://avalon.law.yale.edu/20th_century/froos1.asp（2017年4月4日現在）
50　http://avalon.law.yale.edu/20th_century/froos2.asp（2017年4月4日現在）
51　この文章は、以下によった。
　　Burton W. Folsom Jr., *New Deal or Raw Deal?*, Threshold Editions, 2008, p. 2.

ことが可能になる。成果報告書は、「命じられたから」とか「これまでそうしてきたから」という理由で政策を正当化することを困難にする。

第6節　会計報告の有用性と監査

　企業の会計報告の利用者は、自ら望んで株主となる。しかし、多くの市民は、市民となることを選択するわけではない。政府の会計報告は、市民の首長の評価を容易にしなければならない。

　選挙で選ばれた首長の責務は、経営を任された自治体を、就任した時点よりも、より望ましい状態にすることにある。財政状態を改善したか否かは、「将来の税金」により把握される。就任時よりも「将来の税金」が減少していれば、改善したことになる。就任時は貸借対照表を報告する書類の表紙を黄色にする。就任時に比べて改善している場合には、貸借対照表を報告する書類の表紙を青色にし、悪化しているならば赤色にする。貸借対照表を報告する書類の表紙に工夫を加えることで、市民は貸借対照表を読み込むまでもなく市長の財政運営の結果を把握することができる。

　成果報告書の場合は、「市民の負担」により紙の色を分ける。「市民の負担」が市長就任時よりも増えていれば赤紙、減っていれば青紙。ここで注意すべき点がある。「市民の負担」の増減が、報告する会計報告の表紙を規定する点である。たとえ赤紙であっても、成果の説明により市民がそれを受け入れる場合もある。成果を貨幣額で把握できない以上、貨幣額で表示される「市民の負担」により紙の色を規定しても、最終判断は成果を理解した市民に委ねられる。

　「保守主義の原則」は、行政運営において主権者に不利な影響を及ぼす可能性を開示することを求める。「将来の税金」が、市長の財政運営を敏感に表象するのであれば、会計報告は現職の首長の再選に大きな影響を与

える。再任を希望する市長は、選挙に際して青表紙の会計報告を開示することを望むようになる。「将来の税金」が、事実を反映した上で青表紙であれば問題はない。本来、赤表紙とすべき所を青表紙とするように、現職市長は会計報告作成者に指示することができる。指示を受けた会計報告作成者は、これに抗（あらが）うことは難しい。

　良い会計報告は、良い首長を助け、悪い首長を排除する。良い会計報告となるように、行政の外部にある職業的専門家の監査が必要となる。監査人は、首長の作成する会計報告が、会計原則に基づいて作成していることを自ら証拠を入手して、意見を表明する。

　会計報告書では、監査済である監査証明を添付するとともに、会計報告書に表示された事項の検証可能性を確保するために、どのように事項が把握されたかを注記で示すことが求められる。

第7節　貨幣鋳造権の罠

　取引当事者間で齟齬のない約束を取り交すことを可能にする言葉や文字と度量衡と貨幣が整備されて、取引は拡大し、活性化する。市井で用いられる会話は、市民の統制のもとにある。言葉や文字の統制は、貨幣や度量衡に比べると難しい。

　フィリピンは1565年にはスペインの植民地となり、この地域の名称も当時スペインの皇太子であったフェリペ2世（1527-98）に因んでいる。1898年にはアメリカの統治下となる。第二次世界大戦が終結した1946年、フィリピンは独立する。植民地となってからもフィリピン語は、市民の言葉として利用され続けている[52]。

52　金田一春彦『日本語』岩波書店、1957、p. 2。

明治5年に始まる学制により、習字や読本といった国語の基礎は、尋常小学校においても必修となった。そこでは、中国の甲骨文字に源を発した漢字が教えられた。言葉を固定する文字の統制は一朝一夕にできるものではない。

　ボダンは、度量衡を統一することを主権の具体的な権力の一つであるとした。物納による徴税をおこなう権力者にとって、定められた度量衡を増やすことは税収の増加を意味していた。度量衡を統一することは、臣下の恣意的な度量衡の操作を抑止し、権力者の権力が行き渡っていることを意味した。

　孔子が理想とした舜は、同じく理想とされた堯[53]から帝位を禅譲される。舜は度量衡を統一した[54]。戦国時代に生きた商鞅（B.C.390-B.C.338）は、人による統治ではなく、法による統治を掲げ、秦を豊かな国にする。商鞅も度量衡の統一をしている[55]。強国となった秦の始皇帝（B.C.246-B.C.210）が紀元前210年、中国を統一。始皇帝も度量衡の統一をする[56]。

　日本でも財政再建の取りかかりとして、乱れた度量衡の更生がおこなわれた。二宮尊徳は、1820（文政3）年、小田原藩の財政改革を手始めに、領内の年貢を計る際に利用される一斗枡の統一をおこなっている[57]。

　権力者の度量衡の恣意的な改訂の混乱を排除したことは、フランス革命の功績の一つであった。地球の北極点から赤道までの経線の距離の1000万分の1として定義される「1メートル」を新たな長さの単位とし、権力者の影響の及ばない基準を定めた[58]。

　我が国では、1885（明治18）年のメートル条約に加入にし、翌年、メー

53　金谷治訳注『論語』岩波書店、1963、pp. 123-125。
54　吉田賢抗『史記（一）本紀　司馬遷撰』明治書院、1973、pp 46-47。
　　舜から禅譲を受けた禹の時代の1尺は16cmであった。
55　水沢利忠『史記（八）列伝一　司馬遷撰』明治書院、1990、p. 208。
　　秦の時代の1尺は27.6cmであった。
56　吉田賢抗、前掲書、pp. 327-328。
57　小林惟司『二宮尊徳』ミネルヴァ書房、2009、p. 28。

トル原器の交付を受け、メートル法を公布[59]している。度量衡は、権力者の恣意的な改訂から解放された。

　誰もが喜んで受取ってくれる品物は、取引を簡単にする。保存ができ、「喜んで受取ってくれる」品物は、次の取引にも使える。布や保存のきく食べ物が、「誰もが喜んで受取ってくれる」品物として利用された。

　権力者は、貨幣として利用される金や銀及び銅の重量と純度を保障するために[60]、その国で崇敬を集める神や君主自身の肖像を刻印した。強大な権力を持つ権力者によって品質を保証された貨幣は、布や保存のきく食べ物に代わって広く流通するようになる。

　権力者の権力が流通する地域で通貨を発行する。紀元前6世紀[61]に姿を現したローマは、117年になると、おおよそヨーロッパ全体に版図を拡大していた。ローマ帝国は、5％の相続税と属州間の交易に対する軽い関税によって運営されていた[62]。都市の住人は、近隣の農村地帯から供給される食糧だけでなく、遠隔地からも食糧や工業品の提供を受けていた。ローマ帝国の100年頃のインフラの水準は舗装道路、下水処理、上水道、防火などの面で、1800年頃の文明化したヨーロッパ各国の首都よりも優れていた[63]。

　貨幣は、「誰もが喜んで受取ってくれる」という性質を持つゆえに貨幣として機能する。崇敬を集める神や君主自身の肖像が刻印されているから

58　多くの国で利用されるメートル法による単位は、国際度量衡局BIPM（Bureau International des Poids et Mesures）が、その精度を維持する。BIPMにより管理されるのが国際単位系（SI）と呼ばれる度量衡の単位である。
　　http://www.bipm.org/en/bipm/sections/（2010年10月29日現在）

59　明治ニュース事典編纂委員会『明治ニュース事典　3』毎日コミュニケーションズ、1984、p. 755。

60　川口慎二訳、F. A. ハイエク『貨幣発行自由化論』東洋経済新報社、1988、p. 13。

61　長谷部文雄／阿部知二訳、H. G. ウェルズ『世界史概観（上）』岩波書店、1966、p. 126。

62　M. Rostovtzeff, *The Social & Economic History of the Roman Empire*, Clarendon Press, 1926, p. 54.

63　Joel Mokyr, *The Lever of Riches: Technological Creativity and Economic Progress*, Oxford University Press, 1990, P. 20.

第5章　主権と権力の分離——173

といって、貨幣として流通するわけではない。権力者の信用に裏付けられた貨幣は、権力者の影響を受けやすい。ローマ帝国がその勢いを失った原因は、帝国が採用したインフレ政策にあった[64]。皇帝ネロが、64年に銀貨の銀の含有率を98％から95％に落とす。これ以降、財政危機のたびに、銀貨の銀の割合はそぎ落とされた。260年には銀の含有率は15％まで減少する[65]。「誰もが喜んで受取ってくれる」という性質を失う。

　ローマ帝国においておこなわれていた交換は、消えていった。ローマ帝国の支配が及んでいたヨーロッパでの流通は滞り、遠隔地の人々の成果を利用することはできなくなる。市場でおこなわれていた交換も消えていく。盛んに取引をおこなっていた市場が町から消え、町は田舎町となり、田舎町も消えて、人々は自給自足の生活に戻った[66,67]。

　アダム・スミスは、「鋳貨の名称のひきあげは、まぎれもない公共社会の破産をいつわりの償還という外観で偽装するもっとも常套的な便法であった[68]」と指摘した。「鋳貨の名称のひきあげ」は、貨幣に含まれる金や銀や銅といった価値を裏付ける純度の低下であり、一定量の貴金属でより多くの額面の貨幣を鋳造することであった。

　我が国でも、貨幣が流通し始めた時代に同様の現象が観察される。

　708（和銅元）年1月、埼玉県の秩父に大量の自然銅が発見され、朝廷に献上された[69]。秩父で発見された銅鉱石は、加熱すれば容易に銅を取り出せる酸化銅であった。この年の5月に銀銭が発行され、8月に銅銭の使用が始まる[70]。

64　村田稔雄訳、ミーゼス『自由への決断』自由経済研究所、2014、pp. 33-34。

65　久保恵美子訳、グレン・ハバード『なぜ大国は衰退するのか』日本経済新聞出版社、2014、pp. 140-144。

66　村田稔雄訳、前掲書、p. 77-78。

67　久保恵美子訳、グレン・ハバード、前掲書、p. 129。

68　大内兵衛／松川七郎訳、アダム・スミス『諸国民の富　5』岩波書店、1965、p. 51。

69　直木孝次郎他訳、藤原継縄／菅野真道等奉勅撰『続日本紀　1』平凡社、1986、p. 105。
　　室町時代の1501-1521〔文亀・永正〕年頃になって、山下吹による埋蔵量の多い硫化銅の精錬が可能になる。
　　白柳秀湖『日本経済沿革史』千倉書房、1940、p. 265。

朝廷は、「誰もが喜んで受取ってくれる」貨幣の流通を促すために、712（和銅5）年10月、旅行の費用に充てるために貨幣を使用するよう強制し、翌713（和銅6）年3月には、税物の運輸にあたる人民のため、国司・郡司等に人民が米を買う銭貨を用意することを命じ、さらに禁止されていた口分田の売買も、銭を使う場合には認めるとしている[71]。

　秩父の和銅を掘り尽くした政府は、財政事情から改鋳のたびに銭貨の材質を悪化させていった。このため、その通貨価値は急速に低下し、9世紀中頃には銭1文当たりの米の購買量は僅か13グラムと、8世紀初め頃の約2キログラムに比べ、1/150に下落した[72]。

　やがて民衆の間に銭離れが起こる。平安時代末期の『日本紀略』の、987（永延元）年11月2日の項には、政府が検非違使に命じて世間の人々に銭貨の使用を強制させたこと、同月27日の項には、十五大寺でそれぞれ80人の僧によって7日間銭貨の流通を祈願させたと記されているが、民衆は銭を利用しなくなる。荘園の発達によって政府も弱体化し、10世紀末には皇朝銭の鋳造が停止され、再び稲などの物品が貨幣の主流となった。

　1603（慶長8）年の開幕から1867（慶応3）年の大政奉還に至る264年間の江戸時代にもインフレ政策はおこなわれた。1736（元文元）年に鋳造された元文丁銀に含まれていた銀の量を基準とすると、1820（文政3）年に鋳造された文政丁銀は78％であり、1837（天保8）年に鋳造された天保丁銀は57％となり、1859（安政6）年に鋳造された安政一分銀は30％となる[73]。郵便制度を整え、助郷を廃止した渋沢は、改鋳によりインフレが生じていたことを述べている[74]。

70　直木孝次郎他訳、藤原継縄／菅野真道等奉勅撰『続日本紀　1』平凡社、1986、pp. 104-105。
　　銀銭は709（和銅2）年8月には使用が禁止される。
　　富本銭
71　同書、p. 146。
72　日本銀行調査局編『図録　日本の貨幣　1』東洋経済新報社、1972、p. 195。
　　同書、pp. 212-226。
73　三上隆三『円の誕生』東洋経済新報社、1977、p. 55。
74　渋沢栄一『日本人の自伝　1　雨夜譚』平凡社、1981、p. 327。

兌換紙幣は、金との交換を保障することで貨幣に代わって流通する。我
が国では、1871（明治４）年の新貨条例により、金本位制が採用される[75]。
1882（明治15）に設立された日本銀行から1885（明治17）年、兌換紙幣が発
行される。金との交換を保証していたので、その発行は日本銀行の金の保
有高の制限を受けていた。

第8節　日銀の国債引受のゆくえ

　1942（昭和17）年、日本銀行法の改正により、日本銀行券は不換紙幣と
なり、通貨管理制度に移行。1931（昭和６）年に禁止された金の輸出[76]を、
日本銀行法で追認したことになる。この時に、国債の応募・引受、政府に
対する無担保貸付を日本銀行の業務として「日本銀行ハ国債ノ応募又ハ引
受ヲ為スコトヲ得」と第22条に明文化した。
　インフレーションは、政府の紙幣の数量の増大により、貨幣一単位の購
買力が低下し、これにより価格が上昇する現象をいう[77]。満州事変以降、
高橋是清は累積する軍事費をできるだけ無抵抗の形で調達するため、膨大
な赤字国債を発行した。日本銀行はこれを引受け、インフレーションが発
生する。昭和16年に16銭であった掛け蕎麦は、昭和24年には15円となる[78]。
93倍である。日本酒は昭和15年に１円90銭であったが、昭和19年には８円、
昭和22年には500円となる[79]。263倍である。

75　明治ニュース事典編纂委員会『明治ニュース事典１』毎日コミュニケーションズ、1984、
　　pp. 127-129。

76　吉野俊彦『日本銀行制度改革史』東京大学出版会、1962、p. 322-323。

77　村田稔雄訳、ミーゼス『自由への決断』自由経済研究所、2014、p. 45。

78　幕末は16文とある。戦時統制下のそば屋は、休業を強いられていた。
　　週刊朝日編集部『値段の明治・大正・昭和風俗史』朝日新聞社、1981、p. 71。

79　日本酒は「並等種」（上・中・並のうち）の1.8リットルの価格による。
　　同書、p. 85。

主権在民が日本国憲法にうたわれたが、ボダンが主権の一つとした貨幣
鋳造権は、今も権力者の手にある。1942（昭和17）年の改正法では、主務
大臣が日本銀行を監督する（第42条）とされていた。現行法では、総裁及
び副総裁、審議委員は、両議院の同意を得て、内閣が任命する（第23条）
としている。また、日本銀行の目的については1942（昭和17）年の改正法
で、「専ラ国家目的ノ達成ヲ使命トシテ運営セラルベシ[80]」としていた。

　財政赤字補填のための大規模な国債の日銀引受けが財政赤字への歯止め
を失わせたとの認識から、財政法第5条は、「すべて、公債の発行につい
ては、日本銀行にこれを引受けさせ、又、借入金の借入については、日本
銀行からこれを借入れてはならない」としている。日銀の国債引受けを禁
じることで歳出の歯止めとなることを期待した規定にほかならない。

　しかし実際の運用では、これに続く但書き「特別の事由がある場合にお
いて、国会の議決を経た金額の範囲内では、この限りでない」が適用され
ている。日本銀行法第34条3項の「財政法第5条ただし書」の「国会の議
決を経た金額の範囲内において行う国債の応募又は引受け」により、日本
銀行の貸借対照表の資産の大半を国債が占めていることになる。

　1997（平成9）年に改正され翌年に施行となった日本銀行法第2条では、
その理念を「物価の安定を図ることを通じて国民経済の健全な発展に資す
る」と改めた。その貸借対照表を見ると、日銀の使命は依然として「専ラ
国家目的ノ達成」である。1999（平成11）年3月末日の日本銀行の貸借対
照表では、総資産79兆円のうちの62％にあたる49兆円が国債であった。
2001（平成13）年9月30日の日本銀行の貸借対照表によると、総資産の115
兆円のうち65％にあたる75兆円が国債になっている。2015（平成27）年度
末の貸借対照表では、総資産の408兆円のうち85％にあたる349兆円が国債
になっている。因みに1941（昭和16）年12月末の日本銀行の総資産は77億
円で、その69％の53億円が国債であった。

80　1942（昭和17）年2月24日に改正された日本銀行法は、下記を参照した。
　　吉野俊彦『日本銀行制度改革史』東京大学出版会、1962、pp. 446-468。

第5章　主権と権力の分離──177

「政府債務が巨額に達した場合であっても、財政当局は所得税や消費税の引上げという一般増税、または通貨の減価をもたらすインフレ政策によって、名目上固定的な政府債務の償還を滞りなく行うことができる[81]」ので「公共部門の場合は，費用がいくらかかろうとも税金で賄えばよい[82]」とする議論もある。インフレが起きると、名目値により徴収される税は増え、過去の借入金額により国債を返済する。大枡で徴税をし、小枡で配分をするのと同じ効果がある[83]。巨額の債務の返済は容易になる。政府には魅力的な政策である。

　インフレーションは、法によらない増税である。税は、納税者の承諾があって負担される。権力者は、インフレーションを廃し、均衡財政を維持しなければならない。日本銀行は、行政コスト計算書を作成し、平成27年度末には－7,634億円の行政コストを報告し、民間企業仮定損益計算書では、これを当期利益としている。行政の一端を担う日本銀行においても、成果報告書の作成が必要である。日本銀行法が示す日本銀行に本来期待される役割は、「物価の安定」にほかならない。物価を安定させるということは、貨幣購買力を一定水準に保つことである。インフレ政策を進めようとする行政を抑止しなければならない。戦前であれば、「国家目的ノ達成」が日本銀行の目的であった。現在の日本銀行が実現しなければならないのは、「国民経済の健全な発展に資する」ことである。

　貨幣は、誰もが次の取引に備えて喜んで受取って、その機能を発揮する。次の取引に備えている間に価値が減少するのでは、貨幣はその機能を失っている。日本銀行にあっても、本来の目的と報告書を作成した時点での成果を説明した後に、マイナスの行政コストに対して主権者は適切な判断に近づくことができる。

81　桜内文城『公会計』NTT出版、2004、p.54。
82　同書 p.54。
83　12世紀に地獄の様子を描いた絵巻物に『地獄草子』がある。この中に、枡目を誤魔化した者が落ちる地獄として「函量所」がある。ここに落ちた亡者は、焼けた鉄を素手で量り続ける。

第9節　新しい貨幣の可能性

　度量衡の尺度機能の有用性を多くの人が享受できるように、強制力が発動された。権力者の信用を利用することで、恣意的な改変を受けることになる。納税が物納によっていた時代、度量衡を割増しすることによる恩恵を真っ先に受けるのは、専制君主であった。漢字が生まれた周の時代に16cmの長さを表した1尺は、現在は30.3cmを示すようになった[84]。メートル法の採用により、権力者の増税を目的としておこなわれる度量衡の改訂[85]を退けた。

　人々が貨幣を喜んで受取るという信用が交換価値として貨幣に表象され、貨幣が利用される。貨幣の流通は、直接交換において交換に参加する者が需要者であると同時に供給者であった状態から、需要者と供給者を分離した。権力者の支出に充てるために、権力者は貨幣の信用を裏付ける金や銀の含有量も下げる。信用の裏付けが減少するにつれ、貨幣の信用も失われる。次の取引で貨幣を受取った時と同じように、喜んで受取ってもらえなければ、貨幣は機能しない。物価は上昇する。

　貨幣が紙幣となり、金や銀などとの兌換がおこなわれなくなると、権力者は支出の不足を紙幣の発行により補う。憲法が国民の福利を実現することを求めても、日本銀行法が日本銀行に「物価の安定」を求めても、紙とインクといった額面に表象されるほどの市場価値をもたない素材でできている紙幣を増刷りすることは、容易であり、易きに流れる。

84　1891（明治24）年に制定された度量衡法による。メートル法と併用されたため1尺＝10/33m
　　とされた。和裁に使う鯨尺では、37.8cmを示す。

85　『北史』の「張普恵伝」に、当時の租と調が、長くなった物差を使って計られ、重くなった分
　　銅を使って秤にかけられ、大きくなった枡で計られるために、民衆の怨嗟が朝野に聞えた（百
　　姓嗟怨，聞於朝野）、とある。
　　魏収（北齊）撰『魏書』中華書局、1974、p.1736。

「次の取引での利用のために誰もが喜んで受取ってもらえる」のであれば、貨幣は、法律に縛られる必要はない[86]。民主制下の中央銀行が発行する貨幣が流通するのは、「国家の存続性の大なること、その信用の絶大なる[87]」ためである。しかし、中央銀行の信用を裏付ける資産が、保有してはならない国債によるのであれば、紙幣の信用は失われる。法定通貨の利用が強制される国民はインフレーションの危険に曝される。

近年のインターネットの普及は、消費者自身が他国の生産者と直接取引をおこなうことを可能にした。インターネットは、国境を超えた取引を容易にする。頻繁に取引がおこなわれることで、取引は参加する人々の「和合と親善の紐帯[88]」となっていく。

商品の流通が盛んになることで為替が発生し、取引の危険を回避したように、インターネットは通信手段だけでなく、決済手段も提供する。「仮想通貨」と呼ばれるインターネット上の通貨である。「次の取引での利用のために誰もが喜んで受取ってもらえる」ようになることで、度量衡が権力者の恣意的な改訂を排除したように、仮想通貨は政府のインフレ政策から逃れることを可能にする。

86　貨幣は、法律とは違い、「作られた」法貨である必要はない。
　　F. A. Hayek, *Denationalisation of Money*, Hobart Paper Special, 1990, p. 46。
87　神戸正雄『財政学』日本評論社、1928、p. 107。
88　大内兵衛／松川七郎訳、アダム・スミス『諸国民の富　3』岩波書店、1965、p. 129。

終　章

権力を抑止する方法

1　主権者の選択
2　求められる会計的合理性
3　九条よりも九十条
4　会計のちから

日出而作
日入而息
鑿井而飲
耕田而食
帝力何有於我哉[1]

日出でて作し
日入りて息ふ
井を鑿ちて飲み
田を耕して食らふ
帝力何ぞ我に有らんや

---

1 「有老人、含哺鼓腹、撃壌而歌曰」に続いてこの文がある。「日が昇れば耕作し、日が沈めば休息する。水が飲みたければ井戸を掘って飲み、食べ物を食べたければ田を耕す。帝の力が、どうして私に関わりがあろうか」という程度の意味である。
林秀一『十八史略』明治書院、1967、pp. 19-20。

第1節　主権者の選択

　主権と権力が分離する以前から、市民は市場において主権者であった。市場に参加する者のそれぞれの財産が、各人の所有であることを互いに認めて、取引が始まる。互いに品物を取引する直接交換の状態においても、相手の品物を評価できて、取引が成立する。取引を円滑にするのが、言葉と貨幣と度量衡であり、これを前提に取引ができるようにするために教育がおこなわれるようになった。

　取引される財の多様性が、市場の魅力となる。需要者自身では生産できない物が、取引の対象となる。供給者の優れた生産能力が発現した生産物が、取引の対象となる。生産者にとって役に立たない余剰が、需要者にとっては価値のあるものとなる。取引は、他人の優れた成果、他人の成功を利用することを可能にする。市場は、余剰を豊穣に変える。

　第2章で見たように、略奪のない市場で当初交換に提供されていた品物の数量をPとし、取引量aの増加による効用の増加Uは、次のように示される。

$$\varDelta U = \frac{\varDelta a^2}{2} + \varDelta aP$$

　効用の増加量は、取引量の倍数として現れるのではなく、市場に受け入れられた生産物aの増加量の2乗の半分と、既存の市場の大きさに依存する。産業革命以降に可能になった大量生産は、生産物aの増加量を大きくしただけでなく、既存の市場も大きくした。

　知識や経験の蓄積は、新たな発見や発明を加速する。それらが取引の対象となれば、市場の多様性は増し、魅力的な市場となる。経済は発展する。

　課税のない市場で50の効用を得ていた者が、課税により交換した財のt％を失う場合、交換により得た1財から得る効用と、課税により1財を

終　章　権力を抑止する方法──183

失う不効用を同値とした場合の税率 t と総効用 u の関係は次式によって表される。

$$U = -100t + 50$$

この式に税率 t を乗ずれば税収 T を示すことができる。

$$T = -100t^2 + 50t$$

ラッファーは、税率 0 ％から100％までの間に、税収が同じになる税率があるとしたが、$T = -100t^2 + 50t$ は、その範囲が税率 0 ％から50％までの間にあることを示す。50％を超える税率は、国民を窮乏化させ、税収も減少させる。国民の利益を実現するためには、税率は25％を超えてならないし、この税率を超えると国民の富も税収も縮小に向かう。「市民を富ました後に政府も富を得る」のであれば、税率は25％よりも小さくなければならない。

　税が、市場で取引される財と同様に効用を、納税者にもたらしているのであれば、その効用は会計情報によって明らかにしなければならい。会計情報により承諾を得なければならないのは、税の受益者ではなく、税を負担する者、納税者の承諾である。

第2節　求められる会計的合理性

　参加する者が互いに財産の私有を認めることで、取引は始まる。

　夏朝を始めた禹は、仕事を任せる者に適材を得るために、臣下に会って功績を計った。治水を命じられた禹の父鯀は 9 年の歳月をかけたが、成功しなかった。治水工事は多くの資源が費やされる。鯀が指揮した工事は無駄に終った。鯀は、民の 9 年を無駄にした咎により羽山で死刑に処せられ

る[2]。仕事は、適材を得ることができなければ、うまくいかない。

禹の「会って功績を計る」という故事に因み、「会計」は、中国を中心とする漢字文化圏で4000年前から利用されていた。孔子に「禹の治世には非の打ち所がない[3]」と言わしめた禹は、氾濫のたびに河道を変えていた黄河の治水に13年間携わり、成功する[4]。洪水に見舞われていた湿地は排水され田となり、民は米を作ることで生活できるようになった[5]。

評価できない成果であれば、責任が問われる。禹が心がけたのが、仕事を任せた者に会い、その功績を計ることであった。成果が満足できるものであれば、国も預けられる。

石田梅岩（1685〔貞享2〕-1744〔延享元〕）は、商業の始まりを「其餘りあるものを以てその不足ものに易て、互に通用するを以て本とする[6]」とした。供給者にとっての「余り物」が、需要者にとっての「不足」であり「ありがたい」ものである時に交換は始まる。

多様な品物が並べられて、市場の魅力は高まる。異なる土地に住む人が交換に参加することで、異なる生産物が市場に供給される。生産者にとっての余剰が、市場においては「ありがたい」品物となる。需要者は、不安が軽減され、不満が除去されることを期待して取引をおこなう。取引した品物が期待に添うものであれば、次の取引に結びつく。自発的な交換に、等価交換はない。

互いに交換する品物が「ありがとう」と言うに足る品物であるか、効用

2　袁珂は、「鯀が帝の息壌を盗み、これを使って堤防を築いたことが天帝の逆鱗にふれ、息壌は取上げられ、再び洪水が盛返し、鯀は羽山で死刑に処せられた」とも記している。
　　鈴木博訳、袁珂『中国の神話伝説 上』青土社、1993、pp. 333-338。
　　屈原（B.C.343-B.C. 278年5月5日？）は、鯀への処遇の不合理を楚辞の天問で「堤防を築きさえすれば大功をおさめたことになったのに、なぜ極刑に処したのか」と問うている。
　　稲畑耕一郎訳、郭沫若『屈原研究・屈原賦今訳』（郭沫若選集 8）雄渾社、1978、pp. 228-229。
3　金谷治訳注『論語』岩波書店、1999、pp. 163-164。
4　加藤常賢『書経 上』明治書院、1983、pp. 90-91。
5　吉田賢抗『史記（一）本紀　司馬遷撰』明治書院、1973、pp 75-77。
6　佐藤勢太／縄田二郎校注『石田梅岩・手島堵庵集』玉川大学出版部、1966、p. 58。

を増す品物であるかを計る。目の前にある他人の成果と、自己の成果を取引する場合の会計は、簡単であった。会計的に合理的な取引であるかどうかの判断に、記録は必要なかった。会計という行為は、交換とともに生まれた。

「ありがとう」と言うに足る品物であるならば、会計的合理性を持つ取引であり、取引は繰り返される。「ありがとう」と言うに足らない品物であるならば、会計的合理性はなく、取引はそこで終わる。

需要者が、交換に供される品物に会計的合理性を見出せば、取引される。各当事者の効用が増加する。取引が終了した時に両者の口から発せられた「ありがとう」の言葉が、交換をすることで両者はより大きな効用を手に入れたことが明らかになる[7]。生活が豊かになる。「ありがとう」が連鎖することで、人々の豊かさは累積される。「ありがとう」と言って交換してきた品物が、「あたりまえ」に人々が手にするようになって、社会が豊かになっていく。連続する「ありがとう」が蓄積されて、社会の豊かさになる。余剰が豊穣に変わる。

会計は、交換とともにあった。他人の成果を互いに利用する取引と会計は、吸う息と吐く息から成る呼吸の関係に似ている。取引の成果を評価する会計なくして取引の反復はない。

多種多様な能力と技術を持つ人が市場に参加する。市場では、会計的合理性を拠り所に、「良い商品」と「悪い商品」が選別される。新しい商品が、古い商品に比べて生産費を小さくしているのであれば、新しい商品が「良い商品」として市場により安く供給される。古い商品に比べて、良い品質であれば、消費者は高い金額でも購入する。古い商品の購入は止まる。

市場経済の発展は社会の分業を進展させるだけでなく、市場に提供される品物もより良い物に変化させる。限られた時間の中で生活する個人であ

7　黒澤清は、貨幣経済を前提に、各当事者の支出の金額と支出から得た満足の程度の比は、各人とも同等であると指摘したが、満足が測定できない以上、この比には意味がない。
　　黒澤清『複式簿記原理』同文舘、1967、p. 6。

っても、限られた地域に居住する個人であっても、以前には考えも及ばないような財を利用することを可能にした。他の生産者の製品と比べて、自分では趣味や手慰みにすぎない製品でも、その製品に利点があれば、取引に会計的合理性を見出すことができる。取引により「その成功」を利用する。

　文字と度量衡と貨幣が利用されるようになって取引の対象が、物財やサービスから、時の経過を要件とする約束も含むようになる。商品の受渡しと対価の受渡しが分離する。「後で払います」という約束で品物の受払をおこなう取引や、「後で返します」という金銭の貸付といった信用取引がおこなわれる。将来の行為を包含する約束が取引される。分業はさらに進む。会計は、取引の会計的合理性を判断するために記録を伴うようになる。

　記録の必要は、その利害関係が大きいほど、相手先の信用が小さいほど高まる。信用は、約束の完遂に要する時間が長いほどに減衰する。不確かになっていく記憶を補完するために、取引は記録される。自己の記録の中に、他人を主語とする人名勘定はこのようにして生まれた。

　1300年、ペルッツィ会社は、出資者として他人を迎え入れ、その能力を利用する。会社制度が、家計と家業を分離した。経営は特定の一族が掌握していたので、この当時の会計に要求されていたのは、会社経営者が選任する支店の責任者や、小規模な貿易をおこなう機能経営者の会計報告であった。支店の経営を任せた責任者が適材であるかの会計的合理性を判断するために、本店では支店勘定を設けた。支店の責任者は、任された支店の経営状態を本店勘定を設けることで明らかにする。本店勘定に支店の利益を振替えることで、支店の利益が本店に帰属することを明らかにする。

　分業はさらに進む。産業革命を迎えると企業は、大量生産に必要な固定資産を保有するために、「資本をもとに経営し、利益を獲得し、そこから配当をする」という約束を掲げて資本を募集した。募集に応えて多くの資本家が生まれた。

　鉄道マニアや世界大恐慌など幾多の恐慌により、多くの人が株式の保有

に損失を被る可能性があることを学んだ。経営者が資本を必要としたのと同じように、株主には利益を獲得する能力ある経営者が必要であった。会計は、株主が経営者に提供した資本剰余金と、経営者が株主のために獲得した利益剰余金を峻別することで、「利益を獲得する」能力ある経営者を見出すことを可能にした。

経営者の最初の約束「利益を獲得する」を果たしたか否かを伝える会社会計が利用され、「怠慢であり浪費家」な経営者は排除されるようになった。能力ある経営者を見出すことで、資本家と経営者の社会的分業も機能する。

会計は、細分化し専門化していく分業の利用者を結びつける役割を果たしてきた。

第3節　九条よりも九十条

民主制であっても、立憲君主制であっても、専政制であっても、良い権力者であれば、人民に問題はない。

黄帝から数えて4代目となる堯の治世を、孔子は理想的だと評価した[8]。堯は、人の才能をよく見分け、適材適所を実現した[9]。堯には丹朱という子があったが、不才であった。「人民を苦しめて、一人を利することはできない」と不才の子丹朱ではなく、舜に帝位を譲った。禹を用いた帝舜にも、商均という子があった。商均も、不才であった。舜は、堯と同じように不才の子商均にではなく、禹に帝位を譲った。堯も舜も、統治者の血縁

8　金谷治訳注『論語』岩波書店、1999、p. 161。
9　『史記』に「便章百姓　百姓昭明　合和萬國」（百姓を便章し、百姓昭明し、萬國合和す）とある。
　　吉田賢抗、前掲書、p. 37。

ではなく、その能力に着目して帝位を継承した。良い統治者に恵まれれば、人々は穏やかな生活を営むことができた。良い教育が、良い人を増やす。人民が権力者を選ぶことができなかった時代に生きた孔子は、教育によって良い統治者を育てようと、あるいは、助けようとした。

　他人の成功を利用するには、略奪という方法もある。交換は両者の効用を増すが、略奪は略奪する者の効用を増し、略奪される者の効用を減らす。社会全体の効用は増加しない。略奪が横行する社会では、生産者は生産をやめる。国は衰退する。これを嫌う統治者は、法によって刑罰を設けて、略奪を排除した。良い法律は、悪人を減らす。

　非合法な略奪は、法によって排除される。権力者の略奪は、合法的で継続し反復し、多様な方法でおこなわれる[10]。権力者が、人民の生産した成果に対して略奪することが徴税となる[11]。徴税は人民の過去に獲得した成果を奪う。権力者の命令により労役を課すのが徴用である。人民の身体の自由を奪う、人民の現在を奪うことになる。人民に兵役を課すことは、将来への課税の先送りにほかならず、人民の将来を奪うことになる。

　民主制の統治形態では、主権と権力が分離する。主権者は権力者を選任することで、その主権を行使する。主権者が権力者を評価できなければ、主権を適切に行使することはできない。主権者にとって価値があるのは、権力者が何を約束したかではなく、本来の約束を果たすこと、つまり成果にある。その約束は、主権者の同意により課税することであった。民主主義においても、人々の会計的合理性のある判断なしに、権力の濫用は抑止

10　井藤半弥教授は財政学の基本概念を「強制獲得経済」としている。
　　井藤半弥『新版 租税原則学説の構造と生成：租税政策原理』千倉書房、1969、p. 20。

11　Ken Schoolland, *The Adventures of Jonathan Gullibl*, Aspekt Publishing, 2011, pp. 195-196.

12　ハイエクは「民主主義の到来は、自動的に権力の恣意的な使用を防ぐであろうと考えられた」とし、続けて「人民の代表者は行政機関が自分たちの目的に十分に奉仕すべきであるという熱望にとらわれる」と、その現実を指摘した。
　　気賀健三／古賀勝次郎訳、F. A. ハイエク『自由の条件 2　自由と法』春秋社、1987（新版2007）、p. 90。

終　章　権力を抑止する方法——189

できない[12]。

経営者が株主にした約束は「儲けて、配当します」という約束であった。「儲けた」という結果を会社会計が明らかにすることで、借入や増資によって得た資金による配当はなくなった。配当は、儲けを原資とするようになる。

政府の会計が機能するために、「成果」が明らかにならなければならない。主権者である市民もその代表者も民主制において守るべき約束を忘れていては、民主制は有効に機能しない。福利は徴収された税金で賄われず、借金を原資とするようになる。抗議する機会のない将来世代へとツケがまわされる。

主権者に必要なのは、主権者の承諾の後に課税をする権力者である。権力者に承諾を与える機会のない将来世代に課税をする権力者ではない。政府会計は、「将来の税金」を主権者に報告することで、能力ある首長を見出すことを可能にする。政府会計が、主権者の判断の会計的合理性を担保するためには、主権者が選んだ代表者の責任の及ぶ範囲について報告がおこなわれ、権力者が主権者に提供した成果と、そのコストを明らかにしなければならない。

憲法は権力者の権力を抑止するために定められる。良い憲法であれば、悪い権力者は排除される。

戦争は国の名において始められる。戦争は、平和的協業[13]を破壊する。対戦国との貿易はなくなり、国内の生産は政府の干渉を受ける。戦争を始めることで、徴兵された将兵だけでなく、市民の命も敵の標的となる。戦争によって、国に福利を提供することはできない。戦争は、政府の失敗である。

孟子は、人の命を尊いとする者が政治を預かるべきだとした。「誰が、天下を統一するか」の問いに、「人を殺すのを嗜のまない者ならできる

13　ミーゼスは、「市場経済は、平和的協業を伴う」と指摘した。
　　村田稔雄訳、ミーゼス『ヒューマン・アクション：人間行為の経済学』春秋社、2008、p. 867。

（不嗜殺人者能一之）」と応えている。そしてそのような国に、「水が低いところに流れ込むように、人はその国に集まる（民帰之、由水之就下沛然）」としている[14]。

現行憲法第9条の「国権の発動たる戦争と、武力による威嚇又は武力の行使は、国際紛争を解決する手段としては、永久にこれを放棄する」の規定は、その実現のために国政を預かる者に、戦争を回避する高い能力を求める規定である。幸いにして、現在のところこの条文は機能している。国民は、徴兵により未来を奪われる災い、徴用で自由を奪われる災いに曝されてはいない。

悪い憲法は、悪い権力者を排除することはできない。日本国憲法第90条「国の収入支出の決算は、すべて毎年会計検査院がこれを検査し」の規定では、悪い権力者を見出すこともできない。

有用な会計情報は、能力のない権力者から権力を奪うことになる。行政内部の者が、権力者が無能であることを示す会計報告を作成することには、困難が伴う。権力者が無能であることを示す担当者は解職の危機を恐れる。職業専門家として独立の第三者として監査をおこなう会計士にも、その報酬が監査対象から支払われることを鑑みれば、同様の危機を恐れる。それでも、外部の専門家の去就は、行政内部の者の去就に比べれば、主権者に強いメッセージを発する。

民主主義の根源は、「課税には主権者の承諾を必要」とすることにある。これを軽視したり、忘却したり、知らなければ、承諾の機会のない将来世代への課税をおこなうことになる[15]。民主制による統治を採用しても、自動的に権力の濫用を防ぐことにはならない。

税収の範囲で財政運営できない権力者が選任され続けている。人々が財

14　金谷治『孟子』朝日新聞社、1966、p. 16。
　　金谷はこれを「民の之に帰すること、由を水之下きに就くの沛然たるがごとし」と読んでいる。
15　フランス人権宣言の前文は、「公共の不幸と政府の腐敗の原因」は、「人権の不知。忘却または蔑視」にあるとしている。
　　高木八尺他『人権宣言集』岩波書店、1957、p. 130。

政運営能力のある人に権力を委ねてこそ、権力の濫用を防ぐことができる。誠実な代表者は、財政運営の能力に欠けていることを伝える会計報告であっても、財政の実情を伝えることを可能にする準備をしておく。第三者の専門家に会計報告の監査を委ねる。

　主権者が、権力者を選任する際に提供される会計報告は、会計的合理性を持つ判断に有用でなければならない。会計責任を削除した明治憲法を踏襲することは、「どっちでもいいようなこと[16]」ではない。福利の提供ができないにしても、主権者を不幸にしない、損害を与えない総理大臣を見出す会計報告を提供することは、主権者にとって重要な問題である。改憲を検討するのであれば、日本国憲法第9条ではなく、第90条である。

第4節　会計のちから

　「会って功績を計る」ことで、他人の成功を交換により利用することが可能になる。交換は、両者の合意によって成立する。交換は、他人の所有物を利用するのに、殺した後に奪ったり、殺さずに奪ったりするものではない。

　市場が生まれた頃、取引の当事者は、理解できない言葉[17]を話す見知らぬ人に、財を相手に渡して取引の申し出をした。相手は、財を手に取り、その効用を検証する。会計は直ちにおこなわれる。今日においても消費財の交換であれば、即時に会計は終了する。耐久消費財であれば、商品の評価は、需要者が期待した利用期間に渡っておこなわれる。

　言葉と度量衡と貨幣が取引を円滑にした。それらを利用して交換をする者には約束を理解する知識がもとめられた。中世ヨーロッパの取引を掌握

16　第34回 国会 衆院決算委員会 1960年4月20日　議事録。
17　我が国の言葉も多様である。富山県滑川市あたりでは、長女をアンネ、長男をアンマという。

していたイタリアの商業都市では、多くの子供が私塾で学んだ。欧米の進んだ技術の習熟を急いだ明治政府は、国民皆学を目指し、1872（明治5）年9月2日に学制を発布する。この時に併せて示された「學事奬勵ニ關スル被仰出書」には「人々自ら其身を立て、其産を治め、其業を昌にして」と学問をする目的を明らかにしていた。「自らの稼ぎで暮らしていける」ように教育制度を整えるとしている。農業を教えた神農が市を開いて、それぞれの生業で生活を立てることができるようにしたのと同様である[18]。

言葉と度量衡と貨幣の利用は、人々の分業が専門化し複雑化し、取引の対象も拡張する。人々の分業が専門化し複雑化するのに遅れて、会計はその内容を変化させた。将来の特定の行為を内容とする約束も取引の対象となる。約束が債権債務の関係であれば、相手方の債権債務の変遷を記録すれば足りた。

資本と経営が分離し、株主が経営者に経営を任せるとなると、株主は経営を記録することはできない。経営者の報告に依存することになる。経営者が、その経営を記録し、結果を報告する。両者で交わした約束の結果を反映して、会計報告は仕事を任された者の成果を判断するのに有用となる。

会社会計によるべき基準がなかった1932年の雑誌 Fortune は、会計士の役割を「株主を誤った報告書から守る[19]」と理解していた。帰納的に生まれる会計原則は、様々な試みと失敗が重ねられた後に、生き残った慣行の中から一般に公正妥当と認められるものが抽出される。

あるべき会計原則は、演繹的に求められる。それは、仕事を任せた人と任された人との約束から導き出される。約束を基準として会計原則は規定され、会計報告の内容も導き出される。法律が、当事者には関わりなく成立するのと異なるところである。

功績を計る会計は、仕事を任せた者が持つ、将来を見通す力を反映する。

18　福沢諭吉も『学問のすすめ』で、「士農工商おのおのその分を尽くし、銘々の家業を営み、身も独立し、家も独立し、天下国家も独立すべきなり」と学問をする目的を示している。

19　"Certified Public Accountants", *Fortune*, Vol. 5 no. 6、Time, 1932, p. 63.

会計は、仕事を任された者の業績を評価する。市場にその価値を問うのではない。

『史記』は、主権者の仕事を「人を知ること（在知人）[20]」にあるとした。仕事を任せた人は、会計により任された人の能力を知る。社会的な分業が進み、個々人が携わる仕事は、細分化し専門化した。火を使い、農耕を始めた頃から蓄積された成功と失敗に関わる膨大な知識と技術は、一人の人間ではとても継承できない。才能や縁に恵まれ、努力した者がこれを継承していく。会計は、その仕事の成果を、最初の約束に立ち返って評価する。会計は、分業を担う各主体を結ぶ紐帯の役割を持つ。

政府会計や環境会計といった将来に展開を控えた分野においても、分業は必要とされる。この分野においても、最初に交わされた約束の履行状況を明らかにすることで、会計はその機能を発揮する。

最初の約束が何であったかに立ち戻ることで、良い仕事をする人を見出すことが可能になる。仕事を完遂できないのであれば、その人には仕事を任せない。できる人を探し、探し出せなければ諦め、新しい可能性に備えることになる。

仕事を任せた人の価値を計るのは市場ではなく、利用者である。他の領域との調整に腐心するのではなく、会計の本来の役割に立ち戻ることで、会計は適材適所を実現する。人々の富は増殖を始める。

20　吉田賢抗、前掲書、pp. 93-94。
　　これに続いて禹は「人を知ることを智という（知人則智）」とした。

参考文献

■漢　書

（魏）呉普等述『神農本草經（下）』藝文印書館、1968。

子貢（?）『越絶』巻第八　越絶外伝記地伝第十、商務印書館、発行年記載無。

魏收（北齊）撰『魏書』中華書局、1974。

■洋　書

American Accounting Association (AAA), "Report of the Committee on Accounting in the Public Sector 1974–76", *The Accounting Review*, Supplement to Vol.52, 1977.

―, *A Statement of Basic Accounting Theory* (ASOBAT), American Accounting Association, 1966.

Babbage, Charles, *On the Economy of Machinery and Manufactures*, A. M. Kelley, 1971.

Block, Peter, *Stewardship*, Berrett-Koehler Publishers, 1994.

Briggs, Asa, *The Power of Steam*, University of Chicago Press, 1982.

Buckle, Henry Thomas, *History of Civilization in England*, Hearst's International Library, 1913.

Cray, Ed. et al, *American Datelines*, University of Illinois Press, 2003.

Dickinson, H. W., *James Watt : Craftsman and Engineer*, A. M. Kelley,1967.

Folsom Jr., Burton W.,　*New Deal or Raw Deal?*, Threshold Editions, 2008.

Furet, François, *Dictionnaire Critique de la Révolution Française*, Flammarion, 1988.

Governmental Accounting Standards Board of the Financial Accounting Foundation, *Concepts Statement No.1 of the Governmental Accounting Standards Board, Objectives of Financial Reporting*, GASB, 1987.

Hayek, Friedrich, *Law, Legislation and Liberty, Vol.2 The Mirage of Social Justice*, The university of Chicago Press,1979.

―, *Law, Legislation and Liberty, Vol.3, the Political Order of a Free People*, The university of Chicago Press, 1979.

―, *Denationalisation of Money*, Hobart Paper Special, 1990.

Hoppe, Hans-Hermann, *What must be done*, The Mises Institute, 2009.

Hunt, Edwin S., *The Medieval Super-Companies: A Study of the Peruzzi Company of Florence*, Cambridge University Press, 1994.

Hyde, Charles K., *The Dodge Brothers*, Wayne State University Press, 2005.

James, Robert Rhodes (ed.), *Winston S. Churchill: His Complete Speeches, 1897-1963, v.7: 1943-1949*, Chelsea House Publishers, 1974.

Keynes, John Maynard, *The General Theory of Employment, Interest and Money*, 1936.

Kohler, Eric Louis, *A Dictionary for Accountants*, Prentice-Hall, 1970.

Laffer, Arthur B., *The End of Prosperity*, Threshold Editions, 2008.

Littleton, A. C., *Accounting Evolution to 1900*, Russell and Russell, 1933.

Mokyr, Joel, *The Lever of Riches: Technological Creativity and Economic Progress*, Oxford University Press, 1990.

Montesquieu, Charles de (translated by Thomas Nugent), *The Spirit of Laws*, Hafner Press, 1949

Needham, Joseph, *Science and Civilisation in China, Vol.1*, Cambridge University Press, 1954.

Nevins, Allan, *Ford*: *The Times, the Man, the Company*, Arno Press, 1976.

Peragallo, Edward, *Origin and Evolution of Double Entry Bookkeeping*, American institute Publishing Co., 1938.

Ripley, William Z., *Main Street and Wall Street*, Scholars Book, 1972.

Rostovtzeff, M., *The Social & Economic History of the Roman Empire*, Clarendon Press, 1926.

Schoolland, Ken, *The Adventures of Jonathan Gullibl*, Aspekt Publishing, 2011.

Smith, Adam, *An Inquiry into the Nature and Causes of the Wealth of Nations*, Oxford University Press, 1976.

Stiglitz, Joseph E & Rosengard, Jay K., *Economics of the Public Sector*, W. W. Norton & Co. Inc., 2000.

Walford, Cornelius, *Fairs, Past & Present*, Elliot Stock, 1883.

Wildman, John R. and Powell, Weldon, *Capital Stock without Par Value*, A. W. Shaw, 1928.

Woolf, Arthur H., *A Short History of Accountants and Accountancy*, NIHON SHOSEKI, 1974 (GEE&Co.LTD, 1912の復刻版).

"Certified Public Accountants", *Fortune Vol.5 no.6*, Time, 1932.

■訳　書

袁珂、鈴木博訳『中国の神話伝説 上』青土社、1993。

郭道揚、津谷原弘訳『中国会計発展史綱 上』文眞堂、1988。

郭沫若、稲畑耕一郎訳『屈原研究・屈原賦今訳』雄渾社、1978。

景戒、原田敏明訳『日本霊異記』平凡社、1967。

玄奘、水谷真成訳注『大唐西域記（3）』平凡社、1999。

呉承恩、小野忍訳『西遊記3』岩波書店、1980。

中国国家計量総局主編、山田慶児／浅原達郎訳『中国古代度量衡図集』みすず書房、1966。

アリストテレス（Aristotle）、高田三郎訳『ニコマコス倫理学　上』岩波書店、1971。

アルベルティ（Alberti, Leon Battista）、池上俊一／徳橋曜訳『家族論』講談社、2010。

アレン（Allen, F. L.）、藤久ミネ訳『オンリー・イエスタデイ：1920年代・アメリカ』研究社出版、1975。

ウェルズ（Wells, H. G.）、長谷部文雄／阿部知二訳『世界史概観（上）』岩波書店、1966。

ウエルタ・デ・ソト（Huerta de Soto, Jesús）、蔵研也訳『通貨・銀行信用・経済循環』春秋社、2015。

ヴォルコゴーノフ（Volkogonov, Dmitriĭ Antonovich）、白須英子訳『レーニンの秘密（上）』日本放送出版協会, 1995。

ウォルフォード（Walford, Cornelius）、中村勝訳『市の社会史』そしえて、1984。

ウルフ（Woolf, Arthur H.）、片岡義雄訳『古代会計史』中央経済社、1954。

オリーゴ（Origo, Iris）、篠田綾子訳『プラートの商人』白水社、1997。

カー（Carr, Edward Hallett）、石上良平訳『カール・マルクス：その生涯と思想の形成』未來社、1969。

合衆国商務省編、斎藤眞／鳥居泰彦監訳『アメリカ歴史統計　I』原書房、1986。

キップル（Kiple, Kenneth F.）他、石毛直道監訳、三輪睿太郎訳『ケンブリッジ　世界の食物史大百科事典　1』朝倉書店、2004。

──『ケンブリッジ　世界の食物史大百科事典　5』朝倉書店、2005。

グリァスン（Grierson, Philip James Hamilton）、中村勝訳『沈黙交易：異文化接触の原初的メカニズム序説』ハーベスト社、1997。

グリーン（Green, Edwin）、石川通達監訳『図説 銀行の歴史』原書房、1994。

ケインズ（Keynes, John Maynard）、塩野谷九十九訳『雇傭・利子および貨幣の一般理論』東洋経済新報社、1941。

──宮崎義一訳『説得論集』東洋経済新報社1981。

──館野敏他訳『世界恐慌と英米における諸政策』東洋経済新報社、2015。

コーラー（Kohler, Eric L.）、染谷恭次郎訳『コーラー会計学辞典』丸善、1989。

ザビエル、フランシスコ・デ（Xavier, Francisco de）、河野純徳訳『聖フランシスコ・ザビエル全書簡 3』平凡社、1994。

ジョーダン（Jordan, T. G.）、山本正三訳『ヨーロッパ文化』大明堂、1989。

スミス（Smith, Adam）、大内兵衛／ 松川七郎訳『諸国民の富』(1-5) 岩波書店、1965-85。

セディヨ（Sédillot, René）、山崎耕一訳『フランス革命の代償』草思社、1991。

ソ同盟共産党中央委員会付属マルクス＝エンゲルス＝レーニン研究所編、マルクス＝レーニン主義研究所訳『レーニン全書』大月書店。

──第26巻「ボリショイビキは国家権力を維持できるか」「競争をどう組織するか」「全ロシア中央執行委員会の会議」1968。

──第28巻「労働者の同志諸君！ 最期の決戦にすすもう！」1960。

──第33巻「協同組合について」1968。

──第35巻「財務人民委員部へ」1960。

ゾンバルト（Sombart, Werner）、岡崎次郎訳『近世資本主義』生活社、1942。

ディキンソン（Dickinson, H. W.）、磯田浩訳『蒸気動力の歴史』平凡社、1994。

デカルト（Descartes, René）、谷川多佳子訳『方法序説』岩波書店、1997。

ドイツ社会主義統一党中央委員会付属マルクス＝レーニン主義研究所編集、大内兵衛／
　　細川嘉六監訳『マルクス＝エンゲルス全集』大月書店。

　　──第24巻 1967。

　　──第25巻 1967。

　　──第27巻（往復書簡）1971。

　　──第29巻（往復書簡）1972。

トマス・アクィナス（Thomas Aquinas）、高田三郎他訳『神学大全 第13冊』創文社、
　　1977。

トリンダー（Trinder, Barrie）、山本通訳『産業革命のアルケオロジー』新評社、1986。

ニーダム（Needham, Joseph）、砺波護訳『中国の科学と文明 第1巻』思索社、1974。

ノートン（Norton, Mary Beth）、白井洋子訳『アメリカの歴史 第1巻 新世界への挑戦』
　　三省堂、1996。

ハイエク（Hayek, Friedrich A. von）、『ハイエク全集』春秋社。

　　──気賀健三／古賀勝次郎訳『自由の条件 1　自由の価値』1986（新版 2007）。

　　──気賀健三／古賀勝次郎訳『自由の条件 2　自由と法』1987（新版 2007）。

　　──篠塚慎吾訳『法と立法と自由 2　社会主義の幻想』1987（新版 2008）。

　　──渡部茂訳『法と立法と自由 3　自由人の政治的秩序』1988（新版 2008）。

　　──川口慎二訳『貨幣発行自由化論』東洋経済新報社、1988。

パークス（Parks, Tim）、北代美和子訳『メディチ・マネー』白水社、2007。

パチョリ（Paccioli, Luca）、本田耕一訳『パチョリ簿記論』現代書館、1975。

ハチンズ／ハリソン（Hutchins, B. L. and Harrison, A.）、大前朔郎訳『イギリス工場
　　法の歴史』新評論、1976。

バード（Bird, Isabella L.）、朴尚得訳『朝鮮奥地紀行 1』平凡社、1993。

ハバード（Hubbard, R. Glenn）、久保恵美子訳『なぜ大国は衰退するのか』日本経済新
　　聞出版社、2014。

ハロッド（Harrod, Roy Forbes）、塩野谷九十九訳『ケインズ伝』東洋経済新報社、
　　1967。

ヒバート（Hibbert, Christopher）、遠藤利国訳『メディチ家の盛衰（上）』東洋書林、
　　2000。

フェレル（Ferrel, Robert H.）、猿谷要日本語版監修『図説 アメリカ歴史地図』原書房、
　　1994。

プレヴィッツ／メリノ（Previts, Gary John & Merino, Barbara Dubis）、大野功一訳
　　『アメリカ会計史』同文舘、1983。

ペイトン／リトルトン（Paton, W. A. & Littleton, A. C.）、中島省吾訳『会社会計基準
　　序説』森山書店、1958。

ペイン（Paine, Thomas）、小松春雄訳『コモン・センス』岩波書店、1953.

ベックマン（Beckmann, J.）、特許庁内技術史研究会訳『西洋事物起原 1』ダイヤモンド

社、1980。

ペリン（Perrin, Noel）、川勝平太訳『鉄砲を捨てた日本人：日本史に学ぶ軍縮』中央公論社、1991。

ホッペ（Hoppe, Hans-Hermann）、岩倉竜也訳『為さねばならぬ事』［Kindle 版］きぬこ書店、2013。

マイヤーズ（Myers, Margaret G.）、吹春寛一訳『アメリカ金融史』日本図書センター、1979。

マクニール（McNeill, William H.）、清水廣一郎訳『ヴェネツィア：東西ヨーロッパのかなめ 1081–1797』講談社、2013。

マーフィー（Murphy, Robert P.）、M. J. シェフナー他訳『学校で教えない大恐慌：ニューディール』大学教育出版、2015。

マルクス（Marx, Karl）、資本論翻訳委員会『資本論』新日本出版社。
　─第 4 分冊、1983。
　─第13分冊、1989。

ミーゼス（Mises, Ludwig von）、村田稔雄訳『ヒューマン・アクション：人間行為の経済学』春秋社、2008。
　──村田稔雄訳『自由への決断』自由経済研究所、2014。
　──東米雄訳『貨幣及び流通手段の理論』日本経済評論社、2002。

ミッチェル（Mitchell, B. R.）編、中村壽男訳『イギリス歴史統計』原書房、1995。

モンテスキュー（Montesquieu, Charles de）、野田良之訳『法の精神（上）』岩波書店、1989。

ラッファー（Laffer, Arthur B.）他、村井章子訳『増税が国を滅ぼす』日経 BP 社、2009。

ラングフォード（Langford, Paul）、鶴島博和日本語版監修『オックスフォード ブリテン諸島の歴史』慶應義塾大学出版会、2009 。

ラングトン／モリス（Langton, John and Morris, R. J.）編、米川伸一／原剛訳『イギリス産業革命地図』原書房、1989。

リトルトン（Littleton, Ananias Charles）、片野一郎訳『リトルトン会計発達史』同文舘出版、1952。

ルフェーヴル（Lefebvre, Henri）、大崎平八郎訳『レーニン：生涯と思想』ミネルヴァ書房、1963。

レーニン（Lenin, Vladimir）、レーニン全集刊行委員会訳『貧農に訴える』大月書店、1954。

■ 和　書

會田範治『註解養老令』有信堂、1964。
青木康征『海の道と東西の出会い』山川出版社、1998。
青木国夫『思い違いの科学史』朝日新聞社、1981。
赤堀又次郎編『徳川時代商業叢書　第一』名著刊行会、1965。
秋元英一『アメリカ経済の歴史 1492–1993』東京大学出版会、1995。

秋本吉徳全訳注『常陸国風土記』講談社、2001。

秋本吉郎校注『古事記』岩波書店、1958。

　　——『風土記』岩波書店、1958。

天野元之助『中国農業史研究』御茶の水書房、1979。

荒正人『ヴァイキング：世界史を変えた海の戦士』中央公論社、1968 。

新井清光『会計公準論』中央経済社、1978。

新井益太郎『会計士監査制度史序説』中央経済社、1999。

荒牧典俊他訳『スッタニパータ［釈尊のことば］』講談社、2015。

飯田季治『日本書紀新講 上巻』明文社、1936。

　　——『日本書紀新講 下巻』明文社、1938。

飯野利夫、アメリカ会計学会『基礎的会計理論』国元書房、1969。

池橋宏『稲作の起源』講談社、2005。

井尻雄士『会計測定の基礎：数学的・経済学的探求』東洋経済新報社、1968。

伊藤博文『秘書類纂 帝国議会資料 上巻』秘書類纂刊行會、1934。

井藤半弥『新版 租税原則学説の構造と生成：租税政策原理』千倉書房、1969。

稲田正次『明治憲法成立史』有斐閣、1960。

井上清『ヨーロッパ会計史』森山書店、1968。

井上辰雄『『常陸風土記』の世界』雄山閣、2010。

井上光貞校注『律令』岩波書店、1976。

岩井清治『西ヨーロッパ貿易風土論』白桃書房、1986。

岩上安身『あらかじめ裏切られた革命』講談社、1996。

内野熊一郎『孟子』明治書院、1962。

梅原猛／安田喜憲『長江文明の探究：森と文明の旅』新思索社、2004。

江頭恒治『近江商人 中井家の研究』雄山閣、1965。

大阪市『大阪市史 第5巻』（1911年発行の復刻版）清文堂、1965。

大塚久雄『株式会社発生史論』岩波書店、1969。

大塚久雄他編『西洋経済史講座〈第1〉封建制の経済的基礎』岩波書店、1960。

　　——『西洋経済史講座〈第3〉封建制から資本主義への移行』岩波書店、1960。

大塚初重編『日本考古学を学ぶ（2）原始・古代の生産と生活』有斐閣、1979。

大矢知浩司／佐々木秀一編『イギリス会計制度の展開』同文舘出版、1981。

奥田央『ソヴェト経済政策史：市場と営業』東京大学出版会、1979。

小貫修一郎篇『青淵回顧録 上』青淵回顧録刊行会、1927

加藤常賢『書経』明治書院、1983。

金谷治『孟子』朝日新聞社、1966。

　　——訳注『論語』岩波書店、1999。

亀長洋子『中世ジェノヴァ商人の「家」』刀家書房、2001。

河原一夫『江戸時代の帳合法』ぎょうせい、1977。

神戸正雄『財政学』日本評論社、1928。

木越隆三『銭屋五兵衛と北前船の時代』北國新聞、2001。

北島正元編『江戸商業と伊勢店』吉川弘文館、1962。

清末尊大『ジャン・ボダンと危機の時代のフランス』木鐸社、1990。

清宮四郎『憲法 Ⅰ』有斐閣、1957。

金田一春彦『日本語』岩波書店、1957。

楠山春樹『淮南子（中）』明治書院、1982。

久米邦武編、田中彰校注『特命全権大使米欧回覧実記1』岩波書店、1977。

　　──『特命全権大使米欧回覧実記　2』岩波書店、1985。

倉野憲司校注『古事記　祝詞』岩波書店、1958。

黒板勝美『類聚三代格』吉川弘文館、2000。

　　──編輯『交替式・弘仁式・延喜式』（国史大系第26巻）吉川弘文館、2000。

黒澤清『複近代会計学』春秋社、1965。

　　──『複式簿記原理』同文舘、1967。

小池滋『英国鉄道物語』晶文社、1979。

小泉袈裟勝『度量衡の歴史』原書房、1977。

　　──『枡』法政大学出版局、1980。

幸徳秋水全集編集委員会編『幸徳秋水全集　第5巻　共産党宣言　第1章　ブルジョアとプロ
　　レタリヤ』明治文献資料刊行会、1982。

国土交通省『国土形成計画（全国計画）平成27年8月』2015。

小島憲之『日本書紀2』小学館、1998。

小葉田淳『日本貨幣流通史』刀江書院、1969。

小林勝人『孟子（上）』岩波書店、1972。

小林惟司『二宮尊徳』ミネルヴァ書房、2009。

小林芳規『図説　日本の漢字』大修館書店、1998。

小峰保栄『財政監督の諸展開』大村書店、1974。

小山慶太『道楽科学者列伝』中央公論社、1997。

斎藤茂吉『万葉秀歌（上）』岩波書店、1972。

堺利彦／幸徳秋水訳、カール・マルクス『共産黨宣言』（青空文庫）

坂本太郎篇『日本書紀　上』岩波書店、1967。

桜内文城『公会計』NTT出版、2004。

佐々木毅『主権・抵抗権・寛容』岩波書店、1973。

佐藤勢太／縄田二郎校注『石田梅岩・手島堵庵集』玉川大学出版部、1966。

鹿野政直編『日本人の自伝1』平凡社、1980。

科野孝蔵『オランダ東インド会社の歴史』同文舘出版、1988。

渋沢栄一『論語と算盤』国書刊行会、1985。

　　──『日本人の自伝　1　雨夜譚』平凡社、1981。

渋沢青淵記念財団竜門社『渋沢栄一伝記資料　第2巻』渋沢栄一記念財団、2016。

清水廣一郎『中世イタリア商人の世界』平凡社、1982。

　　──『中世イタリアの都市と商人』洋泉社、1989。

自由黨史編纂局『自由党史　中』岩波書店、1957。

週刊朝日編集部『値段の明治・大正・昭和風俗史』朝日新聞社、1981。

白川静『字統』平凡社、1994。

白柳秀湖『日本経済革命史』千倉書房、1940。

鈴木俊夫『英国重商主義公債整理計画と南海会社』中京大学商学会商学研究叢書編集委員
　　会、1986。

関根正雄訳『旧約聖書　ヨブ記』岩波書店、1971。

高木八尺他『人権宣言集』岩波書店、1957。

高村象平『西洋経済史』有斐閣、1954。

竹内照夫『礼記』明治書院、1971。

武田明正『宮川村の薬草』宮川村教育委員会、1999。

田中秀央『羅和対訳　マグナ・カルタ』東京大学出版会、1973。

田中裕／赤瀬伸吾校注『新古今和歌集』岩波書店、1992。

千葉準一『英国近代会計制度』中央経済社、1991。

藤堂明保『漢字語源辞典』學燈社、1965。

富田高慶『報徳記　第六』宮内省、1885。

富田俊基『国債の歴史：金利に凝縮された過去と未来』東洋経済新報社、2006。

ナガイケイ『飛んでるケインズ』富士書房、1983。

中尾佐助『栽培植物の起源』岩波書店、1966。

中島浩郎『図説 メディチ家』河出書房新社、2000。

長津和俊『法顕伝』雄山閣、1996。

中野常男他『近代会計史入門』同文舘出版、2014。

中村英勝『イギリス議会史』有斐閣、1978。

中村萬次『英米鉄道会計史研究』同文舘、1991。

西宮一民校注『古事記』新潮社、1979。

日本銀行調査局編『図録 日本の貨幣 1』東洋経済新報社、1972。

日本公認会計士協会公会計委員会『地方公共団体の会計と監査』ぎょうせい、1998。

服部之総『明治の政治家たち　上』岩波書店、1950。

波多野公介『朝日＝タイムズ世界史地図』朝日新聞社、1979。

林秀一『十八史略』明治書院、1967。

PwC ジャパン『PwC ジャパン63年の軌跡』PwC ジャパン、2012。

日野龍夫校注、菅茶山『筆のすさび』岩波書店、2000。

平石国雄『世界コイン図鑑』日本専門図書出版株式会社、2002。

福井県立若狭歴史民俗資料館『福井県立若狭歴史民俗資料館　常設展示』福井県立若狭歴
　　史民俗資料館、1997。

福井貞子『木綿口伝』法政大学出版局、2000。

藤沢道郎『メディチ家はなぜ栄えたか』講談社、2001。

藤原継縄／菅野真道等奉勅撰、直木孝次郎他訳注『続日本紀 1』平凡社、1986。

古田良一『河村瑞賢』吉川弘文館、1964。

星川清孝『古文真宝（前集）上巻』明治書院、1967。

星川清親『栽培植物の起源と伝播』二宮書店、2013。

前野直彬『山海経・列仙伝 』集英社、1975。

町田暢『作物大系 第 3 編 雑穀類』養賢堂、1963。

松村昌家編『『パンチ』素描集：19世紀のロンドン』岩波書店、1994。

三上隆三『円の誕生』東洋経済新報社、1977。

水澤周『現代語訳特命全権大使 米欧回覧実記 ２』慶應義塾大学出版会、2005。

水沢利忠『史記 （八） 列伝一 司馬遷撰』明治書院、1990。

宮下章『海苔』法政大学出版局、2003。

宮西一積『報徳仕法帳』一円融合会、1956。

ミルトス・ヘブライ文化研究所『出エジプト記 Ⅰ』ミルトス、1993。

三輪茂雄『粉』法政大学出版局、2005。

村岡正明『航空事始』東京書籍、1992。

村田直樹『鉄道会計発達史』日本経済評論社、2001。

明治ニュース事典編纂委員会『明治ニュース事典』毎日コミュニケーションズ、1984-86。

森鷗外『小倉日記（鷗外全集第35巻）』岩波書店、1971。

森浩一編『日本の古代１〜４』中央公論社、1985-86。

森章『ロシア会計の歴史と現代』大月書店、2002。

安田喜憲『稲作漁撈文明：長江文明から弥生文化へ』雄山閣、2009。

『柳田國男全集 第28巻』筑摩書房、1964。

山浦久司『英国株式会社会計制度論』白桃書房、1993。

山田真一編『発明発達の研究事典』小峰書店、1964。

山本勝市『計画経済の根本問題』（私家版）1939。

山本繁『SHM 会計原則』同文舘、1979。

山本武信『ベンツの興亡』東洋経済新報社、1998。

油井宏子著『江戸奉公人の心得帖』新潮社、2007。

湯沢威『イギリス鉄道経営史』日本経済評論社、1988。

吉田賢抗『史記（一）本紀 司馬遷撰』明治書院、1973。

吉田寛『公会計の理論』東洋経済新報社、2003。

　　──『環境会計の理論』東洋経済新報社、2011。

吉野俊彦『日本銀行制度改革史』東京大学出版会、1962。

吉村武夫『綿の郷愁史』東京書房社、1971。

米津三郎監修『豊前市史』ぎょうせい、1991。

若狭町歴史文化課『若狭三方縄文博物館 常設展示図録』若狭町歴史文化課、2014。

若狭三方縄文博物館『常設展示図録』若桜町歴史文化課、2014。

神戸大学経済経営研究所 新聞記事文庫 燐寸製造業（03-134）

■論文・雑誌

堅田剛「ルドルフ・フォン・グナイストの憲法講義」『獨協法学』第81号、2010。

小松芳喬「ブリヂウォオタ運河の建設費」『早稲田政治經濟學雜誌』第224・225合併号、
　　　1970。

田中俊男「空海とうどんの関連性についての一考察」『日本うどん学会誌『うどん道』』第
　　３号、2006。

堀敏一「中国古代の家と戸」『紀要』第27冊、明治大学人文科学研究所、1989。

山田昭彦「矢頭良一の機械式卓上計算機「自働算盤」に関する調査報告」『国立科学博物館 技術の系統化調査報告』第5集、2005。

吉田寛「子供にツケをまわさない：課税の根拠と会計の職能」『月刊 自治研』Vol.51 no.594、2009年3月。

　——「減税による財政再建：市場経済を圧迫しない税率について」『千葉商大論叢』第45巻第2号（通巻157号）、2007年9月。

　——「会計主体としての政府」『自治研究』第91巻第2号、2015。

索 引

事 項

▶あ行

アサ　18, 21-23, 27, 28, 30
アメリカ独立宣言　68, 98, 151
「ありがとう」　6, 31, 34, 55, 106, 143, 185, 186
あるべき会計原則　115
あるべき税率　43, 59
アワ　24, 25, 27-29
『**出**雲風土記』　25, 29
イタリア　78-80, 82, 89, 106, 193
　一商人　78, 79, 80-82, 90, 91, 108
市 司（いちのつかさ）　29
イリノイ・ミシガン運河　102
インフレーション　176, 178, 180
インフレ政策　174, 175, 178, 180
ヴァイキング　78, 80
エアロドローム　51, 52
エリー運河　102, 129
演繹的（アプローチ）　11, 12, 113-115, 155, 193
炎帝陵　18
オランダ連合東インド会社　117
織機　25-28

▶か行

会計　17, 35, 68, 71-73, 81, 86-90, 95, 97-99, 101-103, 105, 108-119, 123, 126, 127, 131, 133-135, 141-145, 153-155, 157, 159, 161-165, 170, 171, 184-194
　一原則　11, 12, 106-115, 118, 143, 144, 155, 171, 193

　一情 報　68, 103, 108, 109, 113-117, 142-144, 153, 155, 184, 191
　一制度　97, 98, 105, 127, 161
　一責任　7-9, 17, 35, 108, 134, 135, 162, 163, 192
　一的合理性　184-190, 192
　一報 告　12, 105, 108-113, 115, 126, 127, 157, 161, 165, 170, 171, 187, 191-193
「學事奬勵ニ關スル被仰出書」（明治政府）　193
獲得財　20
家計と家業の分離　11, 84, 90-96, 103, 107, 112, 130, 131, 187
「苛政猛於虎也」（故事）　42
霞ヶ浦　25
仮想通貨　180
株式会社　12, 96, 97, 100, 101, 103, 107-110, 112, 117, 124-127, 143, 144
貨幣　iv, 11, 21, 31-33, 77-79, 81, 83, 87, 90, 109, 111, 113, 119, 131, 143, 149, 154, 155, 161, 163, 164, 171-180, 183, 186, 187, 192, 193
河姆渡遺跡（かぼと）　17, 19
為替業務　81
監査人　101, 102, 105, 108, 118, 171
『魏志倭人伝』　26
帰属主体峻別の原則　111, 113, 156, 160
帰納的（アプローチ）　193
行政コスト計算書　164, 165, 178
共通の善　40
玉 蟾岩遺跡（ぎょくせんがん）　18
クスターリ工業　139, 140
グランド・ジャンクション鉄道　107

索　引——205

計画期間　66
継承財　20
減税　11, 42, 58, 59, 62–65, 73, 160, 167
「賢明でつつましい政府」　69, 70, 73
権利章典　150
権力の濫用　12, 189, 191
公会計原則（試案）166
交換　6, 11, 15–17, 20, 21, 24–29, 32–35,
　　39, 45–49, 55–57, 60–62, 72, 77, 78,
　　109, 111, 117, 123, 124, 131, 138, 140,
　　174–176, 179, 183, 185, 186, 189, 192
公証人　80, 82, 89, 108, 112
更新引当金　160, 161, 163
公認会計士　108, 117, 118, 165, 166
幸福　39, 163, 167
合法的強盗　64
効用・税率曲線　58–60
効用の税率弾力性　59–62, 66, 67
国民負担率　58, 66–70, 168
黒曜石　19
『古事記』　19, 21, 23, 26, 31
子供の日　68–70
コムギ　21, 22, 27, 28, 30
米　5, 17, 21, 22, 24, 27, 28, 175, 185
子安貝　32, 77

▶さ行

「**最**初の約束」　188, 194
歳入歳出見込会計票　133
『財務諸表の検証』　108, 119
サヌカイト　19
残高試算表　95
『三皇本紀』　15, 16
市場　iii, iv, vi, 10, 11, 15–17, 29–35, 44–
　　49, 52–57, 61, 66, 71–73, 77, 78, 80,
　　106, 109, 111, 116, 119, 123, 124, 126,
　　127, 139, 143, 145, 166, 174, 179,
　　183–186, 190, 192–194
自然法　40

失業率　144, 145, 167–169
倭文（しとり）　26
資本剰余金　104, 111, 117, 144, 188
資本と経営の分離　iv, 11, 96–105, 107,
　　124, 126, 127
シャンパーニュの大市　79–81, 84
私有財産制　iii, 20, 55, 111, 112, 123, 144
私有財産の廃絶　130, 131
自由民権運動　134, 153
主権者　iv, v, 44, 54, 55, 59, 67, 68, 71,
　　72, 123, 135, 152–157, 163, 170, 178,
　　183, 189–192
　　─の仕事　189–191, 194
「十戒」　39–42
出生による投票　157
証券取引法　118
商人　29, 34, 78–84, 86, 89, 90, 92, 100,
　　108, 130, 141, 150, 156
将来の税金　156–158, 170, 190
将来を見通す目　126
人為法　39, 40
人名勘定　81, 82, 88, 90, 91, 95, 159, 187
スチュワードシップ　6, 8
『スッタニパータ』　39
スミソニアン博物館　51, 52
『スンマ』　7, 40, 92, 93, 95
成果報告書　v, 163–170, 173
成果明示の原則　108, 109, 154
税収曲線　58, 61
『西哲夢物語』　134
政府支出　54, 66–73, 143–145, 168
責任
　　無限…　90, 91, 101, 102
　　有限…　117
絶対需要　53, 54
全国産業復興法　144
『千字文』（せんじもん）　31
潜在的な国民負担率　66, 67, 69, 70, 168
創意工夫　27, 35
賊盗律　41

損害賠償　41

▶た行

大恐慌　105, 106, 116, 117, 144, 168, 187
貸借対照表　v, 7, 20–22, 24, 25, 27, 95, 99, 101–103, 110, 142, 154–163, 170, 177
　市民の…　156, 157, 160
　首長の…　155–158
　政府の…　155, 157
大宝律令　29, 32
大陸横断鉄道　102
ダッジ・ブラザース・カンパニー　104
他人の成功（成果）　iii, iv, vi, 6, 10, 11, 16, 17, 29, 30, 39, 41, 72, 78, 106, 111, 123, 124, 131, 154, 183, 185, 186, 189, 192
多様性　iii, 17, 124, 183, 185
徴税　42, 54, 55, 57, 63, 86–88, 114, 150, 172, 177, 189
『町人考見録』89
徴兵　42, 190, 191
徴用　33, 42, 189, 191
沈黙交易　17, 26
適材適所　5, 95, 114, 142, 188, 194
投機的動機　119
投資的動機　119
土倉帳　89
鳥浜遺跡　19
取引　iii, iv, 6, 7, 9–11, 15–17, 26–35, 43–46, 48, 53–57, 61, 62, 70–73, 77–83, 85–97, 102, 106, 109–112, 114–116, 119, 123, 124, 131, 141, 143, 154–156, 158, 159, 162, 171, 173, 174, 178–80, 183–187, 192, 193
奴隷（市場・取引）　78, 96, 124

▶な行

南海会社　96, 97, 124
ニューディール政策　169
『日本書紀』　21, 26, 33, 65
農業調整法　144
農耕　15, 16, 21, 77, 194
納税者の日　67–71
海苔　24, 25, 27, 30

▶は行

パイオニア　11, 45, 46, 48, 49, 52–54, 73, 100
排他的特権　96, 125–127
配当　7, 12, 90, 97, 100, 101, 104, 105, 109–113, 116–118, 124, 126, 127, 141, 144, 187, 189, 190
バルディ商社　84, 85, 91
『**常**陸風土記』　25, 26, 29
複会計制度　98, 99
複式簿記　7, 82, 87, 91–93, 95, 131–134, 154, 162
福利　44, 54, 58, 65, 69, 145, 162–164, 179, 190, 192
富本銭（ふほんせん）　33
ブックキーピング　133
ブリッジウォーター運河　98
プロイセン憲法　134, 135, 162
分業
　社会的な…　11, 35, 48, 70, 111, 123, 130, 186–188, 193, 194
平和的協業　190
ペルッツィ会社　83–86, 90, 91, 106, 107, 187
報告範囲決定の原則　109–111, 155, 158–160
豊穣　15, 183, 186
彭頭山遺跡（ほうとうざん）　17
法によらない増税　178

泡沫会社禁止法　97, 99

▶ま行

未収交付税　158, 159
民撰議院設立　151, 153
名誉革命　150, 151
メディチ会社　91

▶や行

有効需要　53, 54, 142
有用性の原則　112, 157
良い経営者　100, 144
良い商品　186
良い政策　152
良い法律　42, 57, 118, 150, 189
養老律令　25, 29, 41
余剰　iii, 15–17, 21, 22, 24, 25, 27, 28, 33,
　　35, 43–48, 55, 56, 100, 140, 160, 183,
　　185, 186
　─分析　11, 44, 45

▶ら行

ラッファー曲線　58, 59
リヴァプール・アンド・マンチェスター鉄
　　道　99, 107
利益　7, 12, 34, 58, 69, 70, 82, 90, 91, 94,
　　95, 97–99, 101, 103–106, 109–119,
　　124, 126, 127, 141, 144, 163, 178, 184,
　　187, 188
　─剰余金　104, 111, 117, 144, 188
略奪　iii, iv, 11, 39–43, 55–58, 63, 70, 78,
　　81, 85, 150, 151, 183, 189
『**論**語』　31

▶わ

和銅　33, 175
和同開珎　33
悪い商品　186
悪い政策　153
悪い法律　42

人　名

▶ア行

アボット, チャールズ　52
新井益太郎　v, 112
アリストテレス　39, 40
石田梅岩　185
板垣退助　151, 153
伊藤博文　11, 132–135, 162
岩倉具視　14
禹　5, 6, 184, 185, 188
ヴィッラーニ, ジョヴァンニ　83, 84
ウォルコット, チャールズ　51
浮田幸吉　49
ウルフ, アーサー・H.　iv, 6, 7, 35

エドワード三世　84–88
エンゲルス・フリードリヒ　130, 131
オウエン, ロバート　129
大気都比売　21

▶カ行

カーチス, グレン　52
堯　5, 172, 188
空海　22
グナイスト, ルドルフ・フォン　134, 135,
　　162
グリアスン, フィリップ・ジェイムズ・ハ
　　ミルトン　26

208

クーリッジ, カルビン　64, 73, 145, 167, 168

クルーガー, イーヴァル　116, 117

ケインズ, ジョン・メイナード　11, 142-145, 169

ケネディ, ジョン・F.　63-65, 118, 128

孔子　5, 6, 42, 59, 69, 149, 172, 185, 188, 189

黄帝　20, 23, 188

コトラグリ, ベネデット　93

コーラー, E. L.　7, 8, 11

コルチャーク, アレクサンドル　140

コルベール, ジャン＝バティスト　63

▶サ行

佐藤達夫　135

ジェファーソン, トーマス　69, 70

ジェファール, アンリ　49

司馬遷　5, 15

司馬貞　15

渋沢栄一　132, 133, 161, 162, 175

シャルル, ジャック　49

舜（しゅん）　5, 172, 188

商鞅　41, 172

商均　188

ジョージ三世　152

神農　15, 16, 18, 20, 21, 29, 139, 193

推古天皇　22

スティグリッツ, ジョゼフ　63

スミス, アダム　11, 21, 27, 35, 53, 77, 79, 96, 97, 103, 108, 123-128, 131, 142, 152, 153, 155, 174

スミスソン, ジェームズ　51

角倉了以　98

銭屋五兵衛　89

蒼頡（そうけつ）　20

▶タ行

丹朱　188

チャーチル, ウィンストン　10

トレヴィシック, リチャード　48, 99

▶ナ行

ニーダム, ジョゼフ　38

二宮尊徳　43, 71, 166, 172

二宮忠八　50, 51

仁徳天皇　65, 73

▶ハ行

ハイエク, フリードリヒ・フォン　27, 39, 43, 62, 167, 189

伯余　23

バスティア, フレデリック　53, 54

パチオリ, ルカ　v, 7, 86, 87, 89, 92, 94, 103, 113

バックル, ヘンリー・トマス　76

ハドソン, ジョージ　101

バベッジ, チャールズ　130

速潰佐之男（はやすさのを）　21

バルディ, ネデット・デ　91

フォード, ヘンリー　73, 136, 137

フーヴァー, ハーバート　168

ブラガ, ヴィンセント E.　133

ペイトン, ウィリアム A.　109, 110, 115, 118

ボダン, ジャン　149, 172, 176

▶マ行

マルクス, カール　11, 128-131, 136-138

ミーゼス, ルートヴィヒ・フォン　i, ii, v, 32, 45, 46, 55, 58, 71, 72, 129, 154, 190

三井高房　89

メディチ, ジョヴァンニ・デ　91, 92
メディチ, ピエロ・ディ・ロレンツォ・デ
　　92
メロン, アンドリュー　64
モーゲンソウ, ヘンリー　169
孟子　14, 24, 35, 42, 43, 59, 62, 77, 123,
　　149, 190
モーセ　39, 40
モッセ, アルベルト　134
モンゴルフィエ, ジャック　49
モンゴルフィエ, ジョゼフ　49
モンテスキュー, シャルル・ド　40, 43,
　　44, 63, 71, 149

▶ヤ行

矢頭良一　50, 51
安田喜憲　19
柳田國男　166
山本勝市　122

▶ラ行

ライト兄弟（ウィルバー＆オーヴィル）
　　50–53
ラッファー, アーサー　58, 59, 184
ラングレー, サミュエル　51
李紳　4
リトルトン, アナリアス・チャールズ　6,
　　7, 85, 109, 110, 115, 118
リリエンタール, オットー　49
ルイ十六世　49, 152
ルーズベルト, フランクリン　117, 118,
　　145, 167, 168
レーガン, ロナルド　71
レーニン, ウラジーミル　11, 136–141
ロウ, ロバート　101

▶ワ

ワット, ジェームズ　97, 99, 127
和邇吉師　31

著者紹介

吉田　寛（よしだ　ひろし）
博士（政策研究）・公認会計士
千葉商科大学会計ファイナンス研究科教授
公会計研究所代表
自由経済研究所代表

主な著作
『公会計の理論』東洋経済新報社（第32回日本公認会計士協会学術賞受賞）
『住民のための自治体バランスシート』学陽書房
『高速道路はタダになる！』（山崎養世氏と共著）新風舎
『新公会計制度のための複式簿記入門』学陽書房
『環境会計の理論』東洋経済新報社
Libertarian Autobiographies: Moving Toward Freedom in Today's World, Palgrave Macmillan, 2023（分担執筆）

市場と会計　人間行為の視点から

2019年 7 月20日　初版第 1 刷発行
2024年 5 月20日　　　第 3 刷発行

著者©＝吉田　寛
発行者＝小林公二
発行所＝株式会社　春秋社
　　　　〒101-0021　東京都千代田区外神田 2-18-6
　　　　電話（03）3255-9611（営業）・（03）3255-9614（編集）
　　　　振替　00180-6-24861
　　　　https://www.shunjusha.co.jp/
印刷所＝株式会社　太平印刷社
製本所＝ナショナル製本協同組合

© 2019 Printed in Japan　　　　　　　　ISBN 978-4-393-62187-5　C3033
定価はカバー等に表示してあります